JN199875

［新版］会計学研究

坂本眞一郎
大内健太郎 ［著］

創成社

序　文

　21世紀を迎えた日本の会計は変革のなかにある。その変革期における社会的背景は，経済のグローバル化を意識したこと，企業における会計不祥事の多発，経済発展の停滞，政権の交代，東日本大震災とさまざまなことが存在し，生じてきた。このような背景のなか，日本の会計制度は国際会計基準への対応などが行われてきた。連結財務諸表の表示，キャッシュ・フロー計算書と税効果会計，研究開発費の導入，金融商品の時価会計と退職給付会計などが導入された。また企業のディスクロージャーは，個別中心から連結中心へと移行し，連結財務諸表にキャッシュ・フロー計算書が追加され，企業グループ全体のキャッシュ・フローが把握できることとなった。さらに，連結の範囲を決定する基準が「持ち株基準」から「支配力基準」へと変わり，企業グループの再編を促すこととなった。

　また，商法に代わり新たに会社法が制定されたこともある。これまでわが国における商法の改正は，何度となく行われてきたが，2006年5月，新たに会社法が施行され，わが国の会計制度にも大きな影響を与えることとなった。会社法により，ファイナンス関係の一層の規制緩和，ストックオプションや自己株式取得の自由度の拡大，コーポレート・ガバナンスの選択肢の拡大と監督強化が行われた。また，国際的な対応をも含めた企業再編に関する選択肢の拡大，会社設立時における最低資本金の規制緩和，新しい企業結合の会計基準への対応がなされるとともに，株主や債権者等の利害関係者保護への配慮もなされることになった。

　しかし現在に至っても，日本の会計基準が国際会計基準と同様になったわけではない。国際会計基準への対応については，企業の負担増などを考慮する必要などから今後の動向がいまだ未確定である。経済，社会情勢から会計情報の正確性と会計情報を作成する企業の負担における最適の方向性が見いだせていないのが現状であるといえよう。日本の会計制度はまだ安定しているとはいえない。しかしながら，このような会計の変革期だからこそ，現在の状況を整理

する意義があると考える。

　そこで本書では，このような変革期にある会計学の中心となる理論と応用を分野別に整理し，わが国における会計学の全体像を俯瞰し，さらに今後の動向を予測，検討していくための土台を作ることを目的として展開を試みた。

　このような意図から本書は，会計学の体系を，第Ⅰ部「理論編」と第Ⅱ部「応用編」に分け，第Ⅰ部においては，会計学の基幹部分としての会計学の基礎，簿記原理，財務会計，原価計算，管理会計，会計監査といった分野の内容について取り上げた。会計学は，企業の外部利害関係者に財政状態と経営成績を報告することを目的とした財務会計分野と，企業の経営管理活動に関する効果的な資料の提供を目的とした管理会計分野に分類できるが，そのような分類のみにとらわれずに両者の内容を統合した総合的知識を有していなければ，会計学を習得したとはいえない。このような理由から，本書で取り扱う内容についても従来の考え方よりも幅広いものとした点に特徴がある。加えて，21世紀になって国内外で立て続けに起きた会計不祥事の影響で，会計制度および監査に対する不信感により会計監査の信頼性が損なわれている現状を踏まえ，日本の会計監査の本質を再度体系的に明らかにしようとした。

　第Ⅱ部においては，第Ⅰ部で取り扱った内容を踏まえて企業の財務データの分析手法としての経営分析や，現在，会計上で問題となっているオフ・バランス取引の会計処理問題に関して，設備調達手段としてわが国に定着しつつあるリース会計を取り上げ，また，IT化が進む今日の会計業務処理を踏まえて，コンピュータ会計システムの導入と運用方法について会計システムの構造面などを中心として検討を行った。そして，最後に近年の急速な会計制度の変化において，特に重大な影響を及ぼすと考えられる制度の制定・改定に関し，税効果会計，金融商品会計，外貨換算会計，連結会計，減損会計，退職給付会計，税務会計について論じた。

　したがって，本書の具体的な項目は，次の全16章で構成されている。

第Ⅰ部　理論編
　第1章　会計学の基礎
　第2章　簿記原理

　以上のような構成となっているが，内容をまとめるにあたり，著者なりに整理に努めたつもりであるが，誤りやミスなど気づかぬ点も多々あると思われる。読者諸賢の忌憚のないご意見を賜ることができれば幸いである。

　最後になってしまったが，本書は創成社刊『会計学要論』を土台に，読者から寄せられたご意見および各種法令，基準等の制定・改正にあわせ全面的に書き直しを行い，さらに税務会計の章を新たに加え，『新版 会計学研究』として出版することとなったものである。本書の出版を快諾していただくとともに，出版全般にわたって多大なご協力を賜った創成社の塚田尚寛氏と西田徹氏に深く感謝申し上げるとともに，伊藤洸矢氏，加藤翔平氏，齊藤隆文氏，吉田稔氏には資料収集から校正などの作業で大変お世話になった。ここに心からお礼申し上げる。

　2019年6月

坂本眞一郎
大内健太郎

目　　次

序　文

第Ⅰ部　理　論　編

第Ⅱ部　応 用 編

第Ⅰ部

理 論 編

第1章　会計学の基礎

第1節　会計学と企業会計

1　会計学の発展

　今日，経済社会において会計は有用な知的用具として一般に認識されている。それ以前においては，商人を中心とする一部の人々の間でのみ必要とされていた。その後経済の発展に伴って，商人だけでなく経済事情に関心をもつ広範な人々にとっても重要な資料の作成技術として重要視されるようになってきた。

　このように会計およびその技術は，その時代々々の要請にこたえようと複雑な経済社会の動向を単純な数値で表現するために，長年にわたって改良されてきている。その結果，会計処理の方法は，必然的に多くの仮定を認め，選択できる処理方法が数多くみられることになった。

　まずこの会計学発展の歴史を時代の変遷に従って概観してみる。会計学発展の歴史は，会計の対象となる企業を含めた各種の利害関係者に対して，有用な会計情報を提供するという会計責任の所在を示す歴史であるといえる。

(1)　古代ローマやエジプト時代

　この時代の会計の目的は，中心的な支配階級であった王侯・貴族・寺院のための断片的な財産管理，つまり財産の管理・保全のための会計であった。たとえば，管理・委託した不動産などが慎重かつ合理的に運用されている否かを判断するために，会計行為が行われていた。

(2)　中　世

　この時代の中心的な支配階級である諸侯・寺院の会計は，金銭会計である。しかし北イタリアの都市の商業経済の拡大とともに，利益計算のための企業会計が発生するに至った。また，資本性財産の変動過程を組織的に記帳する複式簿記が，イタリアの自由都市に広く用いられるようになったのもこの時期であ

る。この複式簿記は，ドイツ，フランスなどを経てイギリスに伝藩された。

(3) 17世紀以降

この時代になると商工業の発達につれて，大規模な資本を必要とする産業が生まれてきた。産業の大規模化に伴い，資本と経営の分離が進み，資本の出資者のために監査が必要とされ監査制度が発達していった。

(4) 18世紀後半

イギリスで起こった産業革命の進展に伴う工場の大規模化により，正確な製造原価の計算方法が必要となり，原価計算が生まれた。また資本主義体制に適合する計算制度として複式簿記が広く普及していった。

とくに企業の資本と経営の分離が進むにつれて，株式会社が多く設立された。複式簿記は株式会社の財産や資本の増減を継続的に計算し，損益を適正に算定する技術として欠かせない用具であった。

イギリスに遅れて産業革命になった，ドイツやフランスは，先行するイギリスに追いつくために，企業を保護育成した。このためドイツの旧商法（1861年）やフランスの商業条例（1673年）は，企業（商人）の計算制度に対する制約を与えた。またこのことは同時に財務諸表の性格，内容，評価についての研究を促進させることになった。この研究はのちに大陸法的な計算制度として各国に伝えられ，イギリスやアメリカを中心とする会計理論にも大きな影響を与えたのである。

(5) 現　代

西欧諸国に代わって，アメリカが世界経済の中心となった。このアメリカに発展した株式会社の計算について，科学的，論理的な研究が行われるようになった。

(6) わが国の会計学の発展

わが国に会計記録は，中世の土倉，いまの質屋の台帳が存在している。しかし，これは，会計帳簿というよりは質権の覚え書きであった。

① 江戸時代の元禄年間

商人の会計が単式簿記を中心として成立。

② 明治6年

アメリカの簿記教科書（Bryant and Stratton's Common School Book-keeping）

を翻訳した福澤諭吉の『帳合之法』とイギリス人アラン・シャンド（Alexander Allan Shand）の『銀行簿記精法』が出版され，以後外国の簿記教科書が数多く翻訳された。

③　昭和2年

計理士法が公布。

④　昭和5年

商工省臨時産業合理局により，各種の財務諸表に関する準則などが制定。

⑤　昭和12年

吉田良三，太田哲三，黒沢清氏などによって日本会計研究学会が設立。

⑥　昭和16年

「製造工業原価計算要綱」が企画院から公表。

⑦　昭和23年

「証券取引法」が公布され，法にもとづく公認会計士監査の基盤が確立。

⑧　昭和24年

「企業会計原則」が経済安定本部の「企業会計制度対策調査会」より公表。

⑨　昭和25年

「監査基準・準則」を公表。

⑩　昭和37年

「原価計算基準」を公表。

⑪　昭和49年

商法の改正により，「株式会社の監査等に関する商法の特例に関する法律」における大会社については公認会計士の監査を監査役監査に加えて導入するとともに，中間配当の制度を設けて一年決算への以降を容易にさせると同時に，連結財務諸表制度が「証券取引法」上，採用されるに至った。

⑫　昭和56年

会社の業務・運営の適正化を目的とする商法の改正。

⑬　昭和63年

企業内容開示制度の見直しなどに関する証券取引法の改正。

⑭ 平成2年

　株式会社の最低資本金制度の改正などに関する商法改正。株券などの大量保有に係る開示制度の導入などに関する証券取引法の改正。

⑮ 平成3年

　充実強化を図るために四半世紀ぶりに「監査基準・準則」の全面的な改正。

⑯ 平成5年

　株主権限の見直しや監査の強化，社債制度の改善を目的とする商法の改正。企業会計審議会が「リース取引に係る会計基準」を公表。

⑰ 平成10年

　企業会計審議会が「税効果会計」,「退職給付」,「研究開発費」,「連結財務諸表制度における子会社及び関連会社の範囲の見直し」,「中間連結財務諸表」,「連結キャッシュフロー計算書などに係る各基準」を公表。

⑱ 平成11年

　企業会計審議会が「金融商品に係る会計基準」を公表。

⑲ 平成13年

　自己株式の取得制限の大幅な緩和などを目的とする「商法」の一部改正。

⑳ 平成14年

　コーポレートガバナンスの強化などを目的とする「商法」の一部改正。「監査基準・準則」の大幅な改正。企業会計基準委員会が「自己株式及び法定準備金の取崩等に関する会計基準」,「一株当たり当期純利益に関する会計基準」を公表。

　企業会計審議会が「減損会計」に係る基準を公表。

㉑ 平成17年

　「会社法」判定。

　リスク・アプローチに関しての監査基準の改正。企業会計基準委員会が「『退職給付にかかる会計基準』の一部改正」,「役員賞与に関する会計基準」,「貸借対照表の純資産の部の表示に関する会計基準」,「株式資本等変動計算書に関する会計基準」,「事業分離等に関する会計基準」,「ストック・オプショ

ン等に関する会計基準」の公表。

㉒　平成18年

　　企業会計基準委員会が「棚卸資産の評価に関する会計基準」,「金融商品に関する会計基準」,「関連当事者の開示に関する会計基準」の公表。

㉓　平成19年

　　企業会計基準委員会が「四半期財務諸表に関する会計基準」,『退職給付に関する会計基準』の一部改正（その2）」,「工事契約に関する会計基準」の公表。

㉔　平成20年

　　企業会計基準委員会が「持分法に関する会計基準」,「セグメント情報等の開示に関する会計基準」,「資産除去債務に関する会計基準」,「『退職給付にかかる会計基準』の一部改正（その3）」,「賃貸等不動産の時価等の開示に関する会計基準」,「企業結合に関する会計基準」,「連結財務諸表に関する会計基準」,「『研究開発費等にかかる会計基準』の一部改正」の公表。

㉕　平成21年

　　継続企業の前提に関する事項についての監査基準の改正。企業会計基準委員会が「会計上の変更及び誤謬の訂正に関する会計基準」の公表。

㉖　平成22年

　　国際監査規準の改正に関連した監査規準の改正。企業会計基準委員会が「包括利益の表示に関する会計基準」の公表。

2　企業会計の意義

　　企業会計（business accounting）とは,「企業の経営・経済活動を複式簿記のシステムを利用して,記録・計算・整理し,財務諸表（主に損益計算書・貸借対照表）を作成して,企業の経営成績（損益の状況）および財政状態（財産の状況）を明らかにし,その結果について利害関係者（株主・債権者・取引先・投資家・国家など）に報告・説明するためのシステム」をいう。それを図示すれば,図表1－1のとおりである。

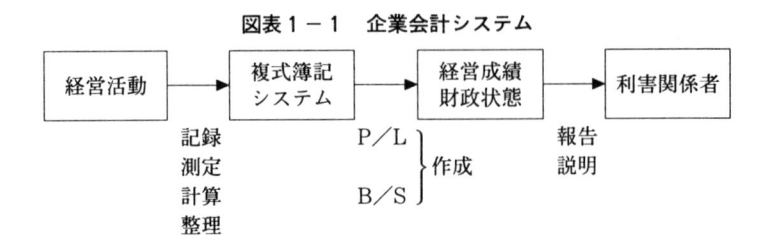

図表 1 − 1　企業会計システム

3　企業会計の役割

　今日の企業会計は，企業内部における経営管理活動はもちろんのこと，社会的にも大変重要な役割を果たしている。その代表的な役割として次の事柄があげられる。

(1)　取締役の財産受託責任を明らかにする

　企業会計は，法律の要請にもとづき取締役の財産受託責任を明らかにするための手段としての役割を果たしている。

　会社法（第436条第 1 項）では，会社の取締役に対して毎決算期に書類およびその附属明細書を作成して，取締役会の承認を受けることを要請している。

　その書類とは，次の書類を指す。

　　1．貸借対照表　　2．損益計算書　　3．事業報告書

　さらに，同法第437条において，上記の書類を定時株主総会に提出し，事業報告書については，その内容を報告し，株主総会の承認を受けることを取締役に対して要請している。

　なぜ，会社法は取締役に対して株主総会を通じて計算書類の開示（disclosure）を求めているかというと，それは次のような理由からである。

　株式会社というのは，自らの個人的財産を会社に出資している社員（普通，株主という）で構成される組織体である。取締役は，会社の最高議決機関である株主総会で選任され，経営の委任を受けて業務を執行するとともに，株主からの受託財産について保全・管理・運用する責任を負っている。したがって取締役は，それらの責任を果たすため株主総会を開いて会計報告を行うのである。

その場合の会計報告責任のことをアカウンタビリティといい，その責任を解明するための手段として用いられるのが貸借対照表・損益計算書などの計算書類（普通，財務諸表という）である。

取締役の責任は，提出した計算書類が株主総会で承認決議されることによって解除・免責される。

取締役の財産受託責任と会社の機関の関係を図示すれば，図表1－2のとおりである。

図表1－2 取締役の財産受託責任と会社機関の関係

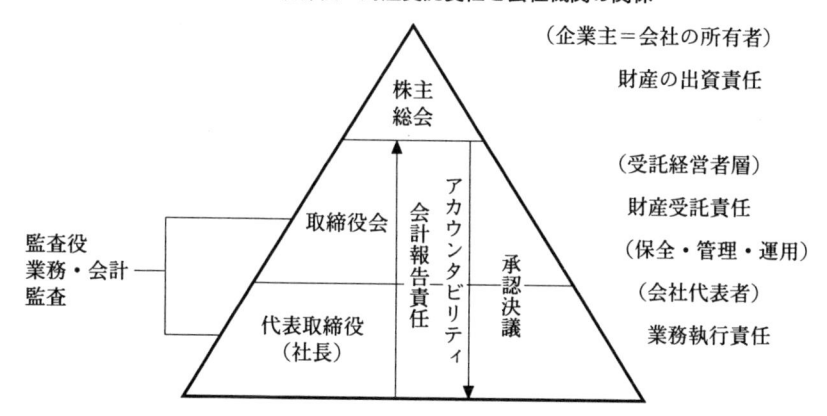

(2) 経営のガイドとしての役割

企業経営の第一の目的は，永続的に最大利潤を獲得することにある。そのため企業は，株主などの出資者から資金の提供を受け，それを元手として，事業活動に必要な設備・原材料・労働力などの生産手段（商企業の場合は商品）を購入し，財貨の生産・販売あるいはサービス（用役）の提供を通じて利潤（利益ともいう）を獲得し，企業の存続・発展を企図しているのである。したがって，経営の目的とする利潤を獲得するためには，企業自らの経営・経済活動を合理的かつ計画的に運用する必要がある。それが行われてはじめて経営成果としての利潤が実現するのである。その役割を担っているのが会計といえる。

たとえば，どの企業においても経営成績を高めるため販売に関して売上目標・計画・予算などを設定している。しかし実際は予想どおりにいかず目標値・計

画値を下まわる場合がしばしばみられるのである。とくに今日のような経済不況の時代においてはそれが顕著である。そのような場合には，経営者は会計という経営管理のための技法を用いて，まず目標値と実績値とを比較・検討して差異の分析を行い，差異の原因を明らかにして目標・計画・予算が予定どおり達成できるよう修正措置を行う。つまり会計は，計数手段を用いて経営・経済活動を計画・統制する機能を果たしているのである。

会計の経営ガイドとしての役割を図示すれば，図表１－３のとおりである。

図表１－３　経営のガイドとしての役割

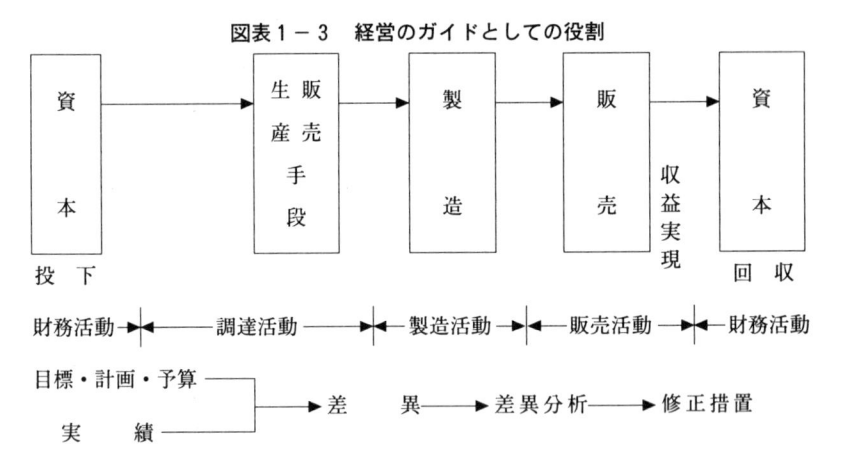

⑶　経営管理の基礎資料を提供する

経営者は財務諸表をみることによって，自社の経営実態が把握でき，またその良否も判断することができる。財務諸表のうち損益計算書で損益の状況が，貸借対照表で財産の状況がそれぞれ把握できる。さらにその財務諸表を細かく分析すると収益構造・財務構造が明らかとなり，経営体質（たとえば製品開発能力・在庫管理に優れているが，マーケティング能力に欠ける）などの経営上の特質が発見でき，将来のための対策および計画をたてることができる。

会計は，企業が所有する経営資源を有効活用するために，経済的意思決定に役立つ会計情報を提供しなければならない。したがって，経営管理者が合理的な経営指標を計画し，この目標を達成するために，また，その目標に適った意思決定を行うことができるように彼らが要求する適切な会計情報をタイムリー

図表 1 － 4　企業会計のトータル情報システム

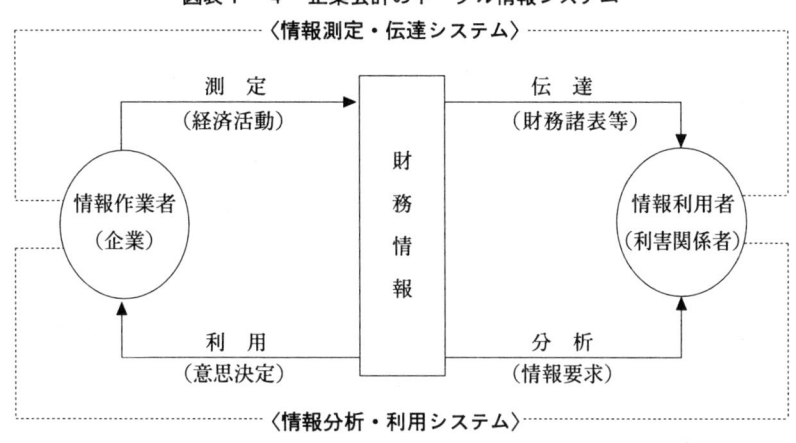

〈情報測定・伝達システム〉

測　定　　　　　　　　　伝　達
（経済活動）　　　　　　　（財務諸表等）

財務情報

情報作業者　　　　　　　　　　　　　情報利用者
（企業）　　　　　　　　　　　　　　（利害関係者）

利　用　　　　　　　　　分　析
（意思決定）　　　　　　　（情報要求）

〈情報分析・利用システム〉

（出所）若杉　明編著『ソフト化社会と会計』ビジネス教育出版社，1989年，p.111.

に提供しなければならないのである。

⑷　企業の会社財産を分配（利益分配・精算分配）する

　企業会計は，会社財産を利益分配・精算分配する場合の手段としての役割を果たしている。すなわち，企業は黒字決算の場合，利益の獲得に貢献のあった人々に対して商法上，利益分配することが認められている。利益分配は次のように行われている。

　たとえば，出資者である株主に対しては出資の貢献に報いるため配当金を支払い，取締役および監査役に対しては経営の執行とその監査に報いるため両者に対して役員賞与金を支払う。また，国家や地方自治体は道路・橋・港湾・飛行場などの産業基盤の整備を行って，企業が活動しやすいように社会的に貢献している。このため企業は，さまざまな社会的恩恵を受けている。したがって，企業は国家や地方自治体のはたす社会的貢献に報いるため税金を納めているのである。それに対して，赤字決算が数期間続き，業績不振のためやむを得ず会社を解散し，各人に帰属する財産を精算する場合には，債権者・労働者・株主などの各持分割合に従って会社財産の精算分配が行われる。ちなみに持分というのは，債権・財貨・労働・サービスなど各種の経済価値を企業に提供してい

図表 1 − 5 　会計情報の質的特性

会計情報の利用者	意思決定者とその構造（例えば，理解力または予備知識）
一般的制約条件	ベネフィット＞コスト
情報利用者に固有の特性	理解可能性
	意思決定の有用性
意思決定に固有の基本的特性	目的適合性 ◄ ► 信 頼 性
基本的な特性の要素	適 時 性　検証可能性　表現の忠実性
	予測価値　フィードバック価値
副次的かつ相作用的特性	比較可能性（首尾一貫性を含む）　中 立 性
識 閾	重 要 性

（出所）FASB, *Statement of Financial Accounting Concepts No.2*, "Qualitative Characteristicsof Accounting Information", FASB, May 1980, para. 33.（平松一夫・広瀬義州訳『ＦＡＳＢ財務会計の諸概念［改訂版］』中央経済社，1990年, p.77.）

る多くの利害関係者が，会社財産に対して有する請求権の持分に属し，退職給与引当金は労働者，そして資本の部全体は株主の持分にとそれぞれ帰属している。会社財産に対する持分関係および精算分配の関係について図示すれば，図表 1 − 6 のとおりである。

（利益分配）　　　（精算分配）

株　　　主——配 当 金　　債権者・労働者・株主の各持分に応じて配分
役　　　員——役員賞与金
国　　　家地方自治体——税　　　金

(5)　人件費決定の基礎資料を提供する

今日のような経済の不況下において，人件費の負担は，企業収益の圧迫要因となり，企業の経営に大きな影響を及ぼしている。給料・賃金およびボーナスを新たにいくらにするかという支払額の決定は，ふつう企業の支払能力・業績・

図表1－6　会社財産に対する持分関係および精算分配の関係

資産（会社総財産）	負債	借入金	債権者持分
		買掛金・支払手形	
		退職給付引当金	労働者持分
	純資産	資本金	株主持分
		剰余金	

生産性および世間相場などを考慮して決定される。ところが，人件費の決定に際して考慮すべきそれらの用件を無視するような不適切な対応，あるいは人件費の管理が行われる，企業はやがて倒産する。経営者は人件費による倒産を防止し，適切な人件費の管理を実施するための手段として会計を積極的に活用しているのである。たとえば貸借対照表を分析して，人件費に対する支払能力がどのくらいかを調べたり，損益計算書・製造原価報告書を分析して，業績・生産性を検討するなどして，合理的に人件費を決定している。

(6)　その他

これまで，会計のさまざまな役割について述べてきたが，その他，消費者などの利害関係者が企業の社会的貢献度を分析する場合などに役立っている。

第2節　企業会計の主要領域

会計にはさまざまな目的があるが，その代表的な目的として次の2つがある。

①企業外部の利害関係者に対して，企業の経営状況を報告する。

②企業内部の経営管理者に対して，有用な会計情報を提供する。

上記①を目的とする会計を財務会計（financial accounting）といい，②を目

的とする会計を管理会計（manegerial accounting）という。

　財務会計は財務諸表（主に損益計算書・貸借対照表）を作成して，企業の経営状況（経営成績・財政状態）を明らかにし，その結果について企業外部の利害関係者に報告することを主な目的としている。そのため，外部報告会計または財務諸表作成会計とも呼ばれる。

　財務会計領域の中心をなす財務諸表は企業の経営状況を総括的に表示した計算表であり，それは企業経営に対する通信簿の役割を担っている。

　財務会計には，簿記・財務諸表論・原価計算・会計監査論など，会計制度と結びつきの深い各種の領域がある。以下これらの領域について個別的にその内容をみていくことにする。

● 簿　　　記　企業の経営・経済活動を記録・計算・整理し，会計報告書としての財務諸表を作成するために不可欠な計算技術である。簿記は適用する業種によって種々の簿記がある。たとえば，商企業に対しては商業簿記，工企業に対しては工業簿記，銀行業に対しては銀行簿記がそれぞれ適用される。

● 財務会計論　財務会計領域の中心をなす財務諸表は，今日，企業の経営状況を総括的に表示した計算表として，企業経営に対する通信簿の役割をもっている。損益計算書・貸借対照表を基本とするこれらの財務諸表は，企業外部に公表され，利害関係者が意思決定を行う場合の判断の基礎として利用されている。そのため財務諸表には，利害関係者が判断を誤らないよう統一的理解が求められる。その財務諸表がどのような内容と性格を有しているのか，また作成方法と表示はどうあるべきかなどについて論じている。

● 原価計算論　一般的に，製造業で生産される製品１単位当たりの原価を計算することをいう。原価計算は，また経営者の意思決定のためにも利用されており，それを管理のための原価計算，あるいは特殊原価調査という。原価計算の制度的統一基準としては，大蔵

省企業会計審議会による「原価計算基準」があるが，最近では，経済の高度化・複雑などに伴い，製造原価計算以外に物流原価計算，ソフトウェア原価計算など業種別にさまざま原価計算が行われるようになってきた。

●会計監査論　企業が作成する財務諸表は，信頼のおける公正なものでなければならない。なぜなら，株主・投資家・債権者など多くの利害関係者は公表された財務諸表をみて，当該企業における経営の良否を判断し，取引の是非を意思決定している。つまり投資家の場合には，株式などの証券投資の意思決定を行い，金融機関は，融資の判断，そして取引先は，商品売買取引などにそれぞれの意思決定を行うのである。したがって，企業の作成した財務諸表を社内の監査役と公認会計士が監査を行ってその適法性および適正性を証明する必要がある。ここにいう監査とは，財務諸表の適否を判断し，意思表明することをいう。これには，商法ならびに証券取引法にもとづく監査の2種類がある。会計監査を学問的に研究するのが会計監査論である。

●管理会計論　管理会計は財務会計に対する会計概念であり，企業内部の経営管理者が合理的な意思決定ができるよう，有用な会計情報を提供することを主な目的としている。管理会計の領域としては，利益計画，予算管理，原価管理，経営分析などがある。

●利 益 計 画　利益計画とは将来の一定期間において企業の利益目標を達成するための経営活動をいい，具体的には計画期間を長期利益計画と短期利益計画とに区別する。短期利益計画は一年以下の利益計画をさし，期間中に達成すべき全社的な目標利益の設定と実現のための方法を計画するものである。長期利益計画は一年を越える利益計画をさし，通常は設備投資や長期的な要員計画などの企業の構造的要素を中心とした戦略的な計画のものである。

●予 算 管 理　企業の業務活動を貨幣で表現したものを予算という。予算管理

とは，この予算を用いて企業の諸活動を総合的に管理する方法をいう。つまり，企業の設定した長期経営計画および短期利益計画を達成するための各部門の諸活動を計画・統制することによって，利益目標を達成するための経営管理技法をいう。

●原価管理　原価を相対的に引き下げるため，原価計画を設定し，それを達成できるよう原価を統制することをいう。

●経営分析　経営分析とは，狭義には財務諸表分析ともいわれ，企業を取り巻く利害関係者に会計報告するために作成される財務諸表や経営統計資料ならびに経営情報などの各種の分析手段を用いて当該企業の経営状態を把握し，その特徴と問題点を明らかにするとともに，良否を判断することをいう。経営分析については管理会計領域として取り上げず，別途に6章を独立して設け，そこで詳述することにする。

この他，会計はそれが適用される業種によって，業種別会計が行われている。たとえば，商企業を対象とした商業会計，工企業を対象とした工業会計，銀行業を対象とした銀行会計，建設業を対象とした建設業会計および農業を対象とした農業会計など，種々の業種別会計がある。

第3節　企業会計の三大計算

会計は企業の経営状況を明らかにするため，主に次の3つの計算を行っている。

第1の計算は，損益計算である。そのため企業の経営成績（すなわち損益の状況）を明らかにした損益計算書を作成する。

第2の計算は，財産計算である。そのため企業の財政状態（すなわち財産の状況）を明らかにした貸借対照表を作成する。

第3の計算は，資金計算である。そのため企業の資金の流れ（すなわちキャッシュフローの状況）を明らかにしたキャッシュフロー計算書を作成する。

第2章 簿記原理

第1節 簿記の基本原理

1 簿記の目的

　これから簿記の勉強をするにあたって，いったい簿記は何のために行われるのか，簡単に説明する。簿記が行われるのは，次の2つの点を知るためである。

　1）　企業の経営成績を知るため。

　　　これは，今年度はどの程度儲かったかを知ることである。

　2）　企業の財政状態を知るため。

　　　これは，現在企業にどれだけの財産があるかを知ることである。

　以上のような経営成績・財政状態を知るためには，毎日毎日企業の取引を帳面に記帳しておかなければならない。この記録を行うことを「簿記」という。このように簿記とは，帳簿記録のことである。

2 簿記の用語

(1) 基本的用語

　簿記の目的は，前述した。では，簿記ができるようになるには，どのようにすればよいのか。簿記は，誰にでも簡単にできるようになる。読者のなかには，日記をつけたり，家計簿をつけたりしている人がいるはずである。日記も家計簿も日常の記録を取っているものである。

　簿記もまったく同じように，日常の取引を記録するが，その記録のとりかたをきめておき，だれが記録しても同じ形式になるよう工夫してあるだけである。簿記による記録のとりかたを覚えてしまえば，誰にでもできるようになる。しかも，記録のとりかたは非常に簡単で5つしかない。これから説明することが理解できれば，後はすべて同じ考え方でよい。

では，基本的な用語を説明しておく。

● 資　　　産

企業の財産のことである。

● 負　　　債

借金のように，後で誰かに返済しなければならない義務である。

● 純 資 産

正味財産のことである。企業を始めるときの元手である。

● 収　　　益

純資産が増加する原因をいう。たとえば，売上などがある。

● 費　　　用

純資産が減少する原因をいう。通常，経費と呼ばれている。

● 利　　　益

儲けのことである。いちばん知りたいことである。

以上の 6 つが簿記で使われる基本的な用語である。

⑵　**用語の関係**

次にこれらの用語の関係について説明する。

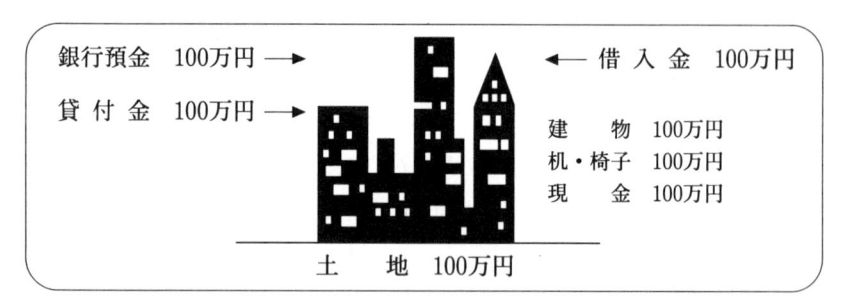

イ．　資産・負債・純資産と財政状態

いま，企業には建物，土地，机・椅子，現金がそれぞれ100万ずつあるとする。そのほかに，銀行預金が100万円と貸付金が100万円あるとすると，合計600万円の資産のもっていることになる。しかし，他人から100万円借金をしているので，負債が100万円ある。したがって，この企業の正味資産は，

　　600万円－100万円＝500万円

ということになる。この正味純資産が，資本である。ここまでで，１つの関係
が判明した。

```
　　　　資　産 － 負　債 ＝ 純資産
　　　　資　産 ＝ 負　債 ＋ 純資産（貸借対照表等式）
```

　このような関係で，企業の財政状態が分かる。表示の方法を変えてみると次
のよう示される。

| 資　産　600 万 円 | 負　債　　100 万 円 |
| | 純 資 産　　500 万 円 |

　このように，資産と負債と純資産の金額がわかれば，その企業の財政状態が
表示できる。

ロ．　収益・費用と経営成績

　今度は，収益と費用の関係を検討する。いま，１年間で売上等の収益が500
万円あったとする。また，１年間で300万円の費用がかかったとする。ここで，
収益と費用には，次の関係がある。

```
　　　　収　益 － 費　用 ＝ 利　益
```

　この関係で，企業の経営成績がわかる。この関係を図示してみると次のよう
になる。

| 費　用　　300 万 円 | 収　益　　500 万 円 |
| 利　益　　200 万 円 | |

　このように，１年間の収益と費用の金額がわかれば，その企業の経営成績が
表示できる。

3 記帳の方法

(1) 記帳の方法（その１）

　これまでの説明で，簿記を行うためには，資産・負債・純資産・収益・費用の記録をとらなければならないことが理解できたはずである。では，どのように記録するか説明する。簿記の記録方法は，５つの方法しかない。この５つを覚えてしまえば，誰にでも記録がとれる。具体的な記録のとりかたは次のとおりである。

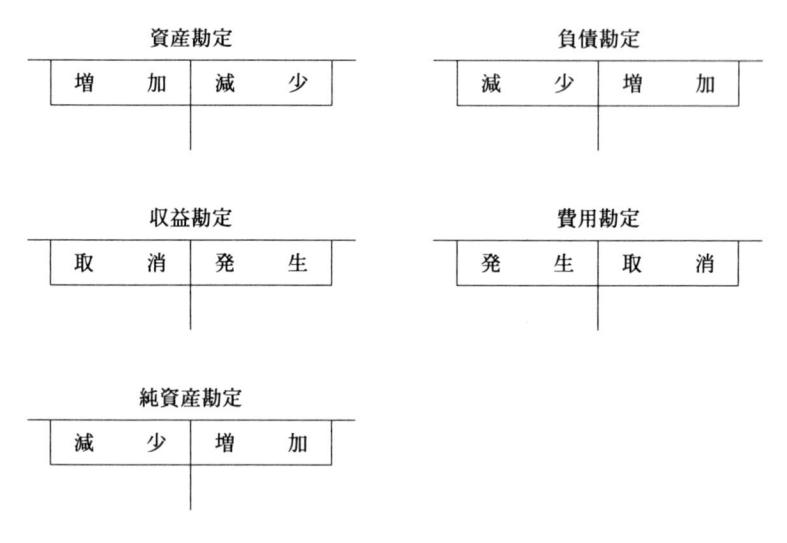

　上記のように，簿記では，ノートにＴの字を書いて，増加額と減少額をそれぞれ左右対称に記入する。左右のいずれが増加・減少・発生・取消であるかは，資産・負債・純資産・収益・費用の種類によって異なる。これらの種類に従って，どのように記録するかを覚えるだけでいいのである。

　では，なぜこのように記録するのか。上記の資産の記録を見ると左側に増加額が記録され，右側に減少額が記録されている。このように記録しておくと，今期の増加額が全部でいくらあり，減少額が全部でいくらあるかがすぐにわかる。また，左右の金額の差額で，現在どれだけの財産があるかということもすぐわかる。簿記の記録の方法は，このように工夫されている。つまり，記録す

ると自動的に金額の計算も行われる。注意しなければならないのは，このような増加額や減少額の記入が，資産・負債・純資産・収益・費用によって左右異なるので，間違わないように覚えることである。

(2) 記帳の方法（その2）

　資産や負債などの記録の方法は，理解できた。しかし，資産や負債にもいろいろな種類がある。たとえば，資産といっても現金・預金・建物・土地など多数ある。このような具体的項目についての増減を知りたい場合は，どのようにすればよいのか検討する。これは，知りたい項目ごとにTの字を作って，その項目ごとに記録すればよい。しかも，その項目が資産であれば，すべてが左が増加，右が減少となり，もし負債であれば，すべて左が減少，右が増加となる。つまり，現金でも預金でも土地や建物でも資産に属する項目がすべて増加したときには，左側に増加額を記録し，右側に減少額を記録するのである。

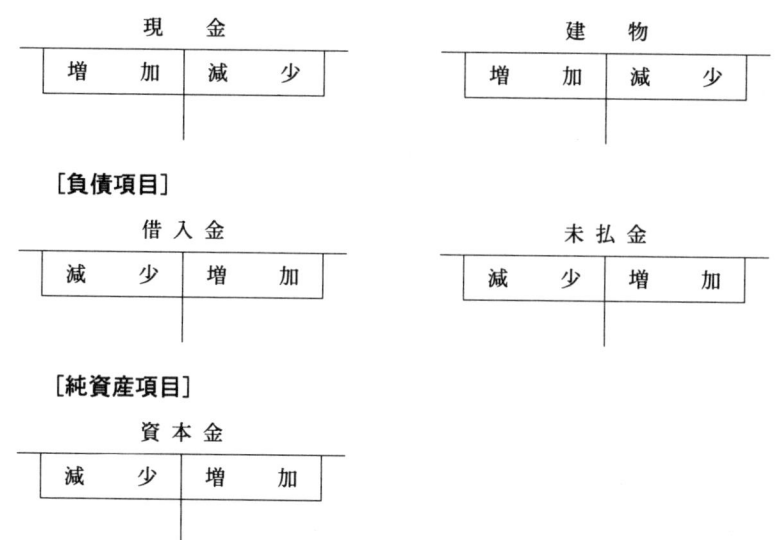

［資産項目］

現　金		建　物	
増　加	減　少	増　加	減　少

［負債項目］

借入金		未払金	
減　少	増　加	減　少	増　加

［純資産項目］

資本金	
減　少	増　加

[収益項目]

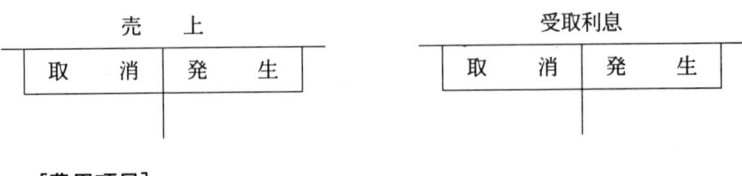

売　　　上		受取利息	
取　消	発　生	取　消	発　生

[費用項目]

交　通　費		支払利息	
発　生	取　消	発　生	取　消

4　専門用語

以下は，これまでの学習範囲で使われる専門用語である。

1)　勘定科目（かんじょうかもく）

増減変動を知りたい項目を勘定科目という。たとえば，現金，土地，建物，借入金，交通費などはすべて勘定科目である。

2)　勘定口座（かんじょうこうざ）

Tの字を作って記録すると前述したが，そのTの字のことを勘定口座という。1つの勘定科目に1つのTの字を作って記録計算する。その項目を計算する場所のことをいう。

3)　借方（かりかた）

簿記では左側のことを，借方という。

4)　貸方（かしかた）

簿記では右側のことを，貸方いう。

5)　会計期間（かいけいきかん）

会計の計算期間のことである。学校にも前期，後期という一定の期間があるように簿記にも一定の期間を人為的に区切って行う。通常は1年。

6)　期首・期末（きしゅ・きまつ）

会計期間の最初の日を期首，最後の日を期末と呼ぶ。学校でいえば，

始業式の日と終業式の日のことである。

第 2 節　簿記の仕組み

1　取引と仕訳

⑴　取　　　引

簿記では，資産・負債・純資産に増減を生じさせることがらを取引という。したがって，収益・費用が発生することがらも，純資産の増減を引き起こすことになるので取引である。以下，具体例を用いて説明する。

【例題 1 】

4 月 1 日　現金500,000円を元入れして開業した。

企業を開業するための元手が500,000円増加する。その結果，企業の現金が増加する。つまり，企業の資本金が増えると同時に現金も増加する。純資産の増加と資産の増加が同時に起こっている。

【例題 2 】

4 月 5 日　現金100,000円を普通預金に預け入れた。

普通預金は，100,000円増加するが，手元の現金が100,000円減少する。つまり，普通預金という資産が増加すると同時に現金という資産が減少する。

【例題 3 】

4 月 6 日　交通費10,000円を現金で支払った。

交通費という費用が10,000円発生し，現金という資産が10,000円減少した。

【例題 4 】

4 月10日　友人から現金30,000円を借りた。

現金という資産が30,000円増加し，借入金という負債も30,000円増加した。

【例題5】
　4月15日　普通預金に利息が付き，1,000円預金が増えた。

　受取利息という収益が1,000円発生し，普通預金という資産が1,000円増加した。

【例題6】
　4月20日　友人から借りた30,000円を返した。

　借入金という負債が30,000円減少し，現金という資産も30,000円減少する。

　以上の例題を考えてみると，次の事実がわかる。つまり，資産や負債などが増加したり，減少するとき，1つの項目だけが変化するのではなく，必ず2つということである。ですから，取引があると必ず2つ以上の項目が変化し，その両方の項目について記録をとらなければならないのである。

　もう一度記帳方法に戻って考えてほしい。すでに資産・負債・純資産・収益・費用の記録方法を学習した。そして，資産や負債といっても内容はいろいろあるが，資産項目は資産項目で同じ記録の取り方，負債項目は負債項目で同じ記録のとりかたをするということも学習した。もちろん，純資産や収益，費用についても同じである。そして，実際に取引があると2つ以上の項目の記録をとることになる。

　つまり，簿記では取引が生じたら，

● どのような項目が変化したのかを調査する。（必ず複数の項目）

● その変化した項目のすべてを記録する。

● そのとき，資産・負債・収益・費用・純資産なのかを判定し，その種類に応じた記録の方法（左右）で記録する。

　では，これまでのことをまとめて記録の例を示す。例題1から6までに対応している。

【例題1】

4月1日　現　　金（資産）の増加→借方　　資 本 金（純資産）の増加→貸方

【例題 2 】

4 月 5 日　普通預金（資産）の増加→借方　　現　　金（資産）の減少→貸方

【例題 3 】

4 月 6 日　交 通 費（費用）の発生→借方　　現　　金（資産）の減少→貸方

【例題 4 】

4 月10日　現　　金（資産）の増加→借方　　借 入 金（負債）の増加→貸方

【例題 5 】

4 月15日　普通預金（資産）の増加→借方　　受取利息（収益）の発生→貸方

【例題 6 】

4 月20日　借 入 金（負債）の減少→借方　　現　　金（資産）の増加→貸方

	現　　金					普 通 預 金	
4 / 1	500,000	4 / 5	100,000	4 / 5	100,000		
4 /20	30,000	4 / 6	10,000	4 /15	1,000		
		4 /20	30,000				

	借 入 金					資 本 金	
4 /20	30,000	4 /10	30,000			4 / 1	500,000

	交 通 費				受 取 利 息	
4 / 6	10,000				4 /15	1,000

手続きは次のとおりである。

　①取引で発生した項目を計算できるようにＴの字を作る。

　②Ｔの字の上に計算項目（勘定科目）を記入する。

　③増減の記録方法に従って記入する。

(2)　仕　　訳

　記録・計算の方法が終了したので，今度はいかに正確に記録するかということについて説明する。正確な計算を行うためには，取引が生じたらどの項目が変化したのか，また，左右どちらへ記入すればよいのかを正確に知ることが必

要である。もし，このようなことを頭の中だけで行えば，思わぬ間違いをすることがある。そこで，このような間違いを起こさないように工夫されている。

イ．正確性確保の方法

頭の中で取引の処理を行うと，思わぬ間違いを起こす。そこで，簿記では，勘定に記入する前に別の帳簿で，仕訳を行うのである。つまり，取引が発生したら直接勘定記入するのではなく，いったん仕訳という作業を行い，その後勘定記入を行うのである。

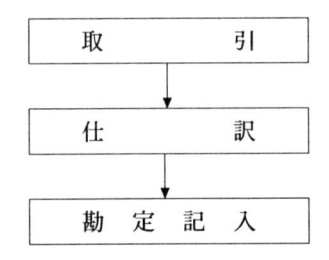

ロ．仕訳の仕方

では，仕訳とはどのようなことをするのか説明する。仕訳という作業は，すでに皆さんの頭の中で行われていたのである。皆さんは，いままでの頭の中で，次のように考えていたのではないだろうか。

● 取引があったらどんな項目（勘定科目）が変化したのか。

● 変化した項目は，資産か負債か収益か費用か純資産か。

● 資産なら「増加したので借方」「減少したので貸方」，負債なら「増加したので貸方」「減少したので借方」…純資産，収益，費用も同様に処理する。

以上のようなことを頭の中で行ってから，直接勘定へ記入していたのである。ところが，このようなことを，きちんと帳簿の上で行えば，それが仕訳である。つまり仕訳というのは，勘定記入の方法に従って取引をどの項目が変化したのか，左右のいずれに記入すればよいのか，いくら記入すればよいのか，ということをノートの上で行うということなのである。

【例題 7 】

　普通預金から，100,000円を引出した。

【解説】

● 普通預金と現金の変化がある。

● 普通預金は資産，現金も資産である。

● 普通預金は減少したから貸方，現金は増加したから借方になる。

● 普通預金勘定の貸方に100,000円と現金勘定の借方に100,000円の記帳をする。

以上を仕訳によって示すと次のとおりになる。

　　　　（現　　金）　　100,000　　　　　　（普通預金）　　　　100,000

【補足】　仕訳のノート上での記入の方法

　まず，ノートの真ん中に線を引いて（実際に引かないで，引いたつもりでよい），左右に区別する。この区別は次の意味をもっている。もし，左側に現金と書けば「現金勘定の左側に記入する」ということを意味し，右側に普通預金と書けば「普通預金勘定の右側に記入する」ということを示している。つまり，どんな勘定科目でも左に書けば，その時点で左に記入されるということを意味している。

　例題 7 では，現金が増加したので左側に記入する。このため，仕訳で左に現金と書いて，その金額は100,000円とした。勘定の左に記入したければ左に書く，勘定の右に記入したければ右に書くということだけなのである。簡単なことだが，この理解がもっとも重要である。いままでは，あらたまってこのようなことをせず，いきなり勘定口座へ記入していただけのことである。このように勘定への記入の方法を知っていれば，仕訳を知っているのと同様である。

　これまでの説明のとおり，仕訳と勘定記入の方法というのは同じことなのである。簿記では勘定記入ができれば仕訳をしなくてもいいと考えられている。しかし，必ず仕訳を行ってから勘定記入を行うようにしている。これは，人間は100％完全ではないので，間違いを犯してしまうことがあるからである。仕

訳をしておけば後日検証が簡単にできるという利点がある。

ハ．仕訳の注意点

　最後に仕訳について必ず注意して欲しい点を説明する。非常に重要なので必ず理解すること。

仕訳をすると必ず左右に区別される。

　　　（現　　金）　　100,000　　　　（普通預金）　　　100,000

　このように必ず左右に勘定科目が現れる。この理由は，勘定記入の方法が，資産・負債・純資産・収益・費用について同じではなく，左右が異なっていることから生じている。つまり勘定記入の方法が全部同じでなかったのは偶然ではなく，きちんとした理由がある。

　　　（現　　金）　　100,000　　　なし

　　　（普通預金）　　100,000　　　なし

　このような仕訳は，ありえない。このように分解される取引がこの世に存在しないからである。

仕訳をしたとき，必ず左右の金額は同じになる。

　　　（現　　金）　　100,000　　　　（普通預金）　　　20,000

　このような仕訳もありえない。現金が100,000円増えたのに，普通預金が20,000円しか減らないということはない。たとえば，80,000円が臨時に入った収入だとすれば，その場合には次の仕訳が行われる。80,000円は，収益の発生として貸方に記入される。

　　　（現　　金）　　100,000　　　　（普通預金）　　　20,000

　　　　　　　　　　　　　　　　　　　（雑　収　入）　　　80,000

【補足】勘定記入

　勘定記入の形式について補足する。これまでの勘定記入は，日付と金額だけだった。

［いままでの記入］

　　　　4 月 6 日　　（交通費）　　10,000　　　　（現　金）　　10,000

交　通　費	現　金
4 / 6　　10,000　　　｜	｜ 4 / 6　　10,000

［正式な記入］

交　通　費	現　金
4 / 6 現　金 10,000　　｜	｜ 4 /15 交通費 10,000

　このように仕訳をしたときの相手勘定も記入しておく。この相手勘定が記入されると，勘定記入を間違う人が大勢いるが，この場合は，便宜的に相手勘定は付け足しと考える。勘定の見方は，常に上から下を見る。決して横に見ないこと。

現　金
｜ 4 / 6　　交通費　　10,000

　この勘定の記入の場合は，現金勘定の右に記入されているので，現金が10,000円減少したということになる。ただ，その相手勘定が交通費ということである。決して，交通費が10,000円と読まないこと。交通費を調べたければ交通費勘定を見ることである。

2　商品売買取引

(1)　商品の購入

　商品を購入した場合には，仕入という費用が発生したと考える。そして，「仕入」という勘定は費用勘定なので，発生したときは借方，取り消したときは貸方に記入する。

【例題8】

1）商品50,000円を現金で仕入れた。

2）商品50,000円を仕入れ，代金は後日支払うこととした。

3）商品50,000円を仕入れ，半分は現金で支払い，残額は後日支払うことにした。

【解答・解説】

1）　商品を仕入れるから，仕入という費用が発生する。同時に現金が減少する。このとき，商品という資産が増加したと考えることもできるが，そのような考え方は，通常の商店では採用されていないので，仕入という費用の発生と考えなければならない。

$$（仕　　入）　　50,000　　　　　　　（現　　金）　　50,000$$

2）　借方は，仕入で問題はないが，その場で現金を支払っていない。しかし，後日支払う義務が発生している。このように後日支払う義務を負債という。そこで仕入という費用の発生と同時に負債が増加する。このように商品の代金を後日支払う義務を簿記では特に買掛金を呼んでいる。借入金と間違えないこと。両方とも後日支払う義務であるが，借入金はお金を借りたために後日返済しなければならない義務である。意味内容はよく似ているが，返済義務の発生した原因が異なっている。簿記では，原因が違うものは，違う勘定科目で処理しなければならない。

$$（仕　　入）　　50,000　　　　　　　（買 掛 金）　　50,000$$

3）　借方は仕入で問題ない。貸方は，現金と買掛金である。上記の2問の合成取引である。

$$（仕　　入）　　50,000　　　　　　　（現　　金）　　25,000$$
$$　　　　　　　　　　　　　　　　　　（買 掛 金）　　25,000$$

【注意点】

　商品を仕入れたときに，その場で現金が支払われようと，支払われまいと「仕入50,000円」は，変わらないということである。つまり，代金が支払われ

たか否かは関係ない。費用や収益の記帳は，支払の有無に関係なく行われる。もしその場で現金を支払えば現金が減少し，後日支払うならば買掛金という負債が増加するだけである。

(2)　**仕入返品・仕入値引の処理**

　仕入れた商品が品違いであったり，損傷していた場合，商品を返品したり，値引きしてもらう場合の処理である。なお，仕入返品は仕入戻しともいう。

【例題 9 】

　1 ）商品20,000円を仕入れ，代金は後日支払うこととした。

　2 ）先に仕入れた商品のうち5,000円分，品違いがあり返品した。

【解答・解説】

1 ）（仕　　入）　　20,000　　　　（買 掛 金）　　20,000

2 ）仕入返品の処理である。返品について要点をまとめておく。

　●仕入返品は，仕入先に商品を返却することである。

　●仕入返品すると商品の数量が減少する。

　●仕入れたときの反対なので，仕訳も反対になる。

　　　（買 掛 金）　　5,000　　　　　（仕　　入）　　5,000

商品を戻したから，買掛金も支払う必要がなくなる。

【例題10】

　1 ）商品20,000円を掛で仕入れた。

　2 ）先に仕入れた商品の代金を，5,000円の値引きを受けた。

【解答・解説】

1 ）（仕　　入）　　20,000　　　　（買 掛 金）　　20,000

2 ）今度は，値引きの処理である。仕入値引についての要点をまとめておく。

　●仕入値引は，仕入れた商品の値段を安くしてもらうことである。

　●仕入値引を受けても商品を返すわけではないので，商品の数量は変化しない。

● 仕入れた商品の値段を安くしたから，仕入金額の取消と買掛金の減少となる。

（買　掛　金）　　5,000　　（仕　　入）　　5,000

仕訳の形式は，仕入返品と仕入値引は同じになるが，内容がまったく異なる。仕入返品は，商品を返却し商品が減少し，いわば取引そのものを取り消していることになる。しかし，仕入値引は，商品を返すのではなく，仕入れ値段の修正であるから，商品の数量は変わらない。仕入取引の修正ではなく，仕入金額の修正を意味する。

(3) 仕入に伴う付随費用

商品の売買には普通，付随的な費用がかかる。これらの費用を仕入諸掛費と呼ぶ。つまり仕入に伴って生ずる費用のことである。

【例題11】

1）商品50,000円を仕入れ，代金は月末払いとした。なお，当店負担の運賃500円は，現金で支払った。

2）商品50,000円を仕入れ，代金は月末払いとした。なお，当店負担の運賃500円は，先方が立て替えて支払ってくれたため，後日返済する。

3）商品50,000円を仕入れ，代金は月末払いとした。なお，運賃500円は先方負担だが，立て替えて支払った。

【解答・解説】

仕入諸掛費の処理には，2通りの方法がある。ここでは，原則的な方法について検討する。

1）　仕入諸掛費を当店が負担すべきか相手が負担すべきかは，契約によって決定される。ここでは，当店が負担することになっている。このように当店が負担しなければならない場合は，仕入勘定で商品の代金に含めて処理する。つまり商品代金に加算するということで，仕入原価に含める。

| （仕　　入） | 50,500 | （買 掛 金） | 50,000 |
| | | （現　　金） | 500 |

2）　この場合も仕入諸掛費を当店が支払わなければならない場合である。1）と異なる点は，とりあえず相手先が立て替えてくれたということである。したがって，後で立て替えてもらった運賃の部分と商品代金の部分を相手に支払う義務がある。

| （仕　　入） | 50,500 | （買 掛 金） | 50,500 |

3）　今度は，相手が支払わなければならない運賃を自分が立て替えて支払っている場合である。ちょうど 2）の場合と逆になる。この場合には，当店は本来支払う義務はないため，自分の企業の費用にする必要はない。仕入費用は，50,000円となる。ところが，運賃は立て替えて支払っているので，現金は500円減少している。この現金は，後日相手からもらうことになる。

| （仕　　入） | 50,000 | （買 掛 金） | 50,000 |
| （立 替 金） | 500 | （現　　金） | 500 |

また，次の仕訳でもよい。

| （仕　　入） | 50,000 | （買 掛 金） | 50,000 |
| （買 掛 金） | 500 | （現　　金） | 500 |

(4)　商品の販売

　商品を販売したときは，売上という収益が発生する。そして売上という勘定は収益勘定であり発生した場合は貸方に，取り消した場合は借方に記入する。

【例題12】

　1）商品100,000円を現金で売上げた。

　2）商品100,000円を掛にて売上げた。

　3）商品100,000円を売上げ，半分は現金で受け取り，残額は掛とした。

【解答・解説】

1）　商品を売上げたので，売上という収益の発生である。また，現金を受け

取ったので，現金の増加である。

  （現 金） 100,000   （売 上） 100,000

2） 貸方は1）と同じだが，今度はまだ現金をもらっていない。この代金は後日もらえるので，後日現金を受け取る権利が発生する。このような権利も資産である。ここで注意してほしいのは，貸付金との違いである。商品の代金を後日もらう権利は売掛金という勘定で処理し，現金を貸し付けたためその代金を返済してもらう権利は貸付金勘定で処理する。

  （売 掛 金） 100,000   （売 上） 100,000

3） これは，1）と2）の合成取引である。

  （現 金） 50,000   （売 上） 100,000

  （売 掛 金） 50,000

(5)　売上返品・売上値引の処理

　売上返品は，販売した商品が品違いや損傷などによって返品された場合である。なお，売上返品は売上戻りともいう。売上値引は，この場合は販売後代金を決済するときに，一部値引きした場合である。

【例題13】

 1）商品50,000円を掛けで売上げた。

 2）先に売上げた商品の代金を10,000円値引した。

【解答・解説】

1）（売掛金） 50,000   （売 上） 50,000

2）売上値引の処理である。

 ①　売上値引とは，売上げた商品の代金を安くすることである。

 ②　売上値引をしても商品は戻らないので，商品の数量は変化しない。

 ③　売上値引をした分は，収益とならないので売上の取消が必要である。また，その分の代金ももらえないので，売掛金も減少する。

  （売 上） 10,000   （売 掛 金） 10,000

⑹　売上に伴う付随費用

　先に仕入諸掛費の処理を考えたが，この仕入諸掛は購入する側からみた場合である。同じものを販売側からいえば販売諸掛費という。今度は，販売する側の場合である。

【例題14】

　1）商品50,000円を掛にて売上げた。なお，当店負担の運賃500円を現金で支払った。

　2）商品50,000円を掛にて売上げた。なお，当店負担の運賃500円は相手が立て替えてくれた。

　3）商品50,000円を掛にて売上げた。なお，先方負担の運賃500円は立て替えて支払った。

【解答・解説】

　販売諸掛費の処理は，仕入諸掛費の処理と異なり処理方法は1つである。

1）　販売諸掛費の負担関係は，当事者間の契約によって決まる。ここでは，当店が負担する場合である。このように当店が負担しなければならない場合は，発送費という費用勘定で処理する。

　　　（売掛金）　　50,000　　　（売　上）　　50,000
　　　（発送費）　　　500　　　（現　金）　　　500

2）　この問題でも，当店が負担しなければならない。発送費勘定で処理される。しかし，相手が立て替えているので，現金の減少はない。相手から商品代金50,000円を回収して，立て替えてもらっている500円を返金しなければならない。したがって，正味49,500円もらえばよいことになる。

　　　（売掛金）　　49,500　　　（売　上）　　50,000
　　　（発送費）　　　500

3）　この問題では，本来当店は商品の運賃を支払う必要はない。先方負担の運賃を立て替えて支払った場合である。本来，当店は支払う必要がないので，費用として処理するのではなく，売掛金として後日得意先から商品代

金とともに回収する。

(売掛金)	50,500	(売　上)	50,000
		(現　金)	500

次の仕訳でも正解である。

(売掛金)	50,000	(売　上)	50,000
(立替金)	500	(現　金)	500

(7) 分　記　法

　分記法とは，商品勘定と商品売買益勘定を用いて処理する方法である。商品を仕入れたとき商品勘定の借方に資産の増加として記入し，商品を売上げたときその仕入原価をもって貸方に減少として記入する。売価から仕入原価を差し引いた差額を商品売買益勘定の貸方に収益の発生として記入する。商品勘定の借方残高は期末商品有高を意味する。分記法は高級な貴金属や書画骨董などの一個一個を管理して売買する商店ならばともかく，一般的に多量の商品を継続的に売買する商店では実行不可能で適当ではない。

(8) 三　分　法

　三分法は商品売買について仕入勘定・売上勘定・繰越商品勘定を用いる処理方法である。

イ．仕入勘定（費用）

　商品を仕入れたとき仕入勘定の借方に記入する。

　また，商品が納品され，注文した商品と違っていた場合には商品を仕入先に戻すことがある。この仕入戻し高は仕入勘定の貸方に記入する。

　これによって，仕入勘定の借方合計は総仕入高を示し，貸方合計は仕入戻し高・値引高の合計を示し，借方残高は純仕入高を意味する。

ロ．売上勘定（収益）

　商品を売上げたとき売上勘定の貸方に記入し，売上戻りや売上値引があったときには借方に記入する。

　これによって，売上勘定の貸方合計は総売上高を示し，借方合計は売上戻り高・値引高の合計を示し，貸方残高は純売上高を意味する。

ハ．繰越商品勘定（資産）

商品のうち一部は期末に在庫として存在する。この期末商品有高を記入する勘定が繰越商品勘定である。期末商品有高は次期に繰り越されて次期の期首商品有高となる。

仕	入
前 期 繰 越	売 上 原 価
当 期 仕 入	次 期 繰 越

(9)　売上総利益を計算するための勘定処理

三分法によって商品売買の記帳を行っている場合には，会計期間を一括して期末に売上総利益を計算する。売上総利益は，分記法における商品売買益に相当し純売上高から売上原価を控除して求められる。

　　　売上総利益＝純売上高－売上原価

（商品売買益）

　　　売上原価＝期首商品有高＋当期純仕入高－期末商品棚卸高

　簿記ではこの計算を仕訳と勘定で行うため，段階的に仕訳を示す。

〇期首商品有高を繰越商品から仕入勘定へ振り替える

　　　（仕　　入）　×××　　（繰越商品）　×××

〇期末商品有高を仕入勘定から繰越商品へ振り替える

　　　（繰越商品）　×××　　（仕　　入）　×××

〇売上原価を仕入勘定から損益勘定へ振り替える

　　　（損　　益）　×××　　（仕　　入）　×××

〇純売上高を売上勘定から損益勘定へ振り替える

　　　（売　　上）　×××　　（損　　益）　×××

(10)　三分法による売上原価と売上総利益の計算の意味

　商品は仕入れによって店舗に入荷するが，三分法ではこれを仕入勘定の借方に費用として記入する。すなわち，商品は販売を目的として仕入れるため，そ

のとき直ちに売れたものとして考え費用の発生として記入する。一方，商品を売上げたときこれを売価で売上原価の貸方に収益の発生として記入する。なお，売上げた商品の仕入高を売上原価といい，いわゆる商品売買益のことを売上総利益という。

【例題15】

　次にあげる商品売買関係の損益勘定について，（　）内に必要な記入を行いなさい。なお，売上原価は仕入勘定で計算するものとする。

(注)当期中の仕入，仕入戻し，売上および売上値引は，便宜上，全部まとめて記帳してある。

繰　越　商　品

1 / 1	前 期 繰 越	40,000	12/31	（　　）	（　　）
12/31	（　　）	50,000	〃	次 期 繰 越	（　　）
		（　　）			（　　）

仕　　　　　入

当期仕入高		400,000	当期仕入戻し		15,000
12/31	繰 越 商 品	50,000	12/31	（　　）	（　　）
			〃	（　　）	（　　）
		（　　）			（　　）

売　　　　　上

当期売上値引		20,000	当期売上高		700,000
12/31	（　　）	（　　）			
		（　　）			（　　）

損　　　　　益

12/31	（　　）	（　　）	12/31	（　　）	（　　）

（日商簿記検定3級　第62回）

【解答】

繰 越 商 品

1 / 1	前 期 繰 越	40,000	12/31	（仕　　入）	（　40,000）
12/31	（仕　　入）	50,000	〃	次 期 繰 越	（　50,000）
		（　90,000）			（　90,000）

仕　　　　入

当期仕入高	400,000	当期仕入れ戻し	15,000
12/31　繰 越 商 品	50,000	12/31　（繰越商品）	（50,000）
		（損　　益）	（375,000）
	（440,000）		（440,000）

売　　上　　高

当期売上高値引	20,000	当期売上高	700,000
12/31　（損　　益）	（680,000）		
	（700,000）		（700,000）

損　　　　益

12/31	（仕　　入）	（375,000）	12/31	（売　　上）	（680,000）

(11)　商品有高帳

　商品有高帳は，商品の種類ごとに口座を設けて，その受け渡しおよび残高の数量・単価・金額を記入する補助簿である。この帳簿は，商品の受け渡しや現在高を明らかにし，その手持ち有高を適正に保つために用いられる。金額の記入は，受け入れ・引き出しともに原価により記帳される。その結果，残高の金額が原価で表示され，帳簿上で商品の現在高が把握できる。

　この場合，同一種類の商品でも，異なった単価で仕入れた場合には，引き渡し商品の単価をそのいずれによって定めるかが問題となる。この決定方法の代

表的なものとして，先入先出法，移動平均法などがある。

　先入先出法（買入順法）は，もっとも古く取得されたものから順次払い出しが行われたと仮定して，引き渡し単価を決定する方法である。移動平均法とは，単価の異なる仕入が行われるつど，残高の金額の合計と仕入金額の合計額を，残高数量と仕入数量との合計で除して平均単価を算出し，次に異なる単価の仕入が行われるまで，その平均単価を引き渡し商品に適用していく方法である。

　なお，仕入返品・仕入値引や売上返品が生じた場合，商品有高帳には，次のように記入する。

- 仕入返品は，その商品の仕入原価で引渡欄に赤記する。
- 仕入値引は，値引額を引渡欄に赤記し，残高欄の単価・金額を訂正する。
- 売上返品は，その商品の払い出し仕入原価で受入欄に赤記する。

【例題16】

　次の取引のうち靴下（紳士用）について，先入先出法によって商品有高帳に記入しなさい。

```
9月1日  前月繰越：靴下（紳士用）  150組  @¥100      ¥ 15,000
              ：靴下（婦人用）  100組  @¥800      ¥ 80,000
    5日  売    上：靴下（紳士用）  130組  @¥120（売価）¥ 15,600
   10日  仕    入：靴下（紳士用）  300組  @¥106      ¥ 31,800
              ：靴下（婦人用）  150組  @¥820      ¥123,000
   15日  売    上：靴下（紳士用）  270組  @¥130（売価）¥ 35,100
              ：靴下（婦人用）   70組  @¥900（売価）¥ 63,000
   20日  仕    入：靴下（紳士用）  200組  @¥105      ¥ 21,000
   25日  売    上：靴下（紳士用）  150組  @¥120（売価）¥ 18,000
              ：靴下（婦人用）   30組  @¥890（売価）¥ 26,700
```

商品有高帳

(先入先出法)　　　　　　　靴　下（紳士用）

平成5年		摘要	受入高			払出高			残高		
			数量	単価	金額	数量	単価	金額	数量	単価	金額

（日商簿記検定3級　第69回）

【解答】

商品有高帳

(先入先出法)　　　　　　　靴　下（紳士用）

平成5年		摘要	受入高			払出高			残高		
			数量	単価	金額	数量	単価	金額	数量	単価	金額
9	1	前月繰越	150	100	15,000				150	100	15,000
	5	売上				130	100	13,000	20	100	2,000
	10	仕入	300	106	31,800				20	100	2,000
									300	106	31,800
	15	売上				20	100	2,000	50	106	5,300
						250	106	26,500			
	20	仕入	200	105	21,000				50	106	5,300
									200	105	21,000
	25	売上				50	106	5,300	100	105	10,500
						100	105	10,500			

第3節　決　　算

1　決算手続き

(1)　決算の意味

　簿記の主な日常の手続きには，日々の取引を正しく仕訳して仕訳帳に記入し，その結果を誤りなく元帳に転記して，資産，負債，純資産，収益および費用の各勘定の増減を継続的に記録・計算することにある。しかし，こうした日常の手続きのほかに毎事業年度末には，その期間中の損益を計算し，期末の財政状態を明らかにする必要がある。

　このため，簿記では，期末に帳簿の記録を整理し，すべての帳簿を締め切って損益計算書と貸借対照表を作成する。期末に行われるこうした一連の手続きを決算といい，期末の時点を決算日という。

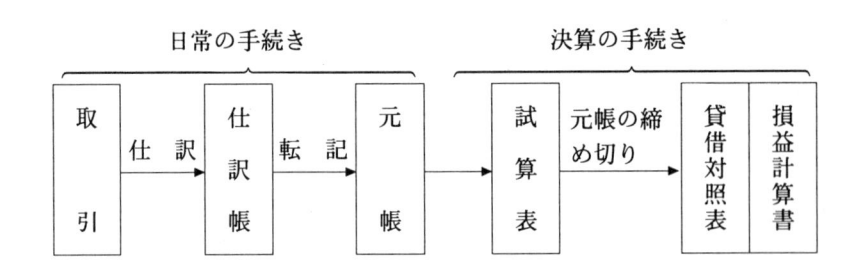

(2)　決算手続きの順序

　決算手続きは，おおよそ次の順序で行われる。

イ．　決算の予備手続き

　　○　総勘定元帳の諸勘定の記録が正しいかどうかを確かめるために，試算表を作成する。

　　○　諸勘定の整理を行うために，棚卸表を作成する。

ロ．　決算の本手続き（元帳決算）

　　○　収益・費用の諸勘定を集計し，純損益を算定して締め切る。

　　○　資産・負債および純資産の諸勘定の締め切りを行う。

ハ．　決算の報告

　整理された総勘定元帳の記録にもとづいて，損益計算書と貸借対照表を作成する。

(3)　決算整理事項

- ○　商品の期末棚卸と売上原価の計算
- ○　貸し倒れの見積と貸倒引当金の設定
- ○　固定資産の減価償却費の計上
- ○　有価証券の評価替え
- ○　費用・収益の見越しと繰り延べ
- ○　現金過不足の処理
- ○　消耗品の処理
- ○　引出金の処理
- ○　仮払金・仮受金の処理

2　帳簿の締切り

(1)　振替仕訳

　決算整理が終了すると，元帳上の数値はすべて，正確な数値になるので，今後はこれらの諸勘定を締め切ることになる。この締切手続きをよく理解するための基礎として，振替仕訳を理解しなければならない。なぜなら，勘定の締切は，振替仕訳を通じて行われるからである。振替仕訳とは，勘定の金額を他の勘定に移すために行われる仕訳である。

　いままで仕訳を行う場合は，まず資産が増加したとか，負債が減少したとか，資産・負債・純資産・収益・費用の増減を考え，増加だから借方記入であるとか，貸方記入であると考え，借方記入であれば仕訳も借方，貸方記入であれば仕訳も貸方にする，と考えながら仕訳を行ってきた。

【例題17】

　交通費1,000円を現金で支払った。

44

【解答・解説】

この取引は，みなさんの頭の中で，次の順で処理されてきたと思われる。

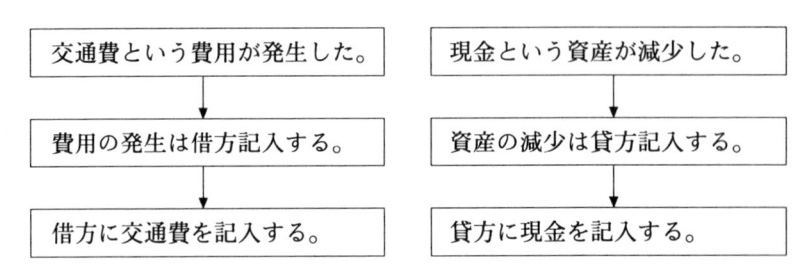

仕　訳

　（交通費）　　1,000　　　　（現　金）　　　1,000

　ところが，振替仕訳は，借方に記入したから借方に記入すると考える。費用などが変化したということはいっさい関係ない。もし交通費勘定の借方に1,000円を記入したのであれば，借方に交通費という仕訳を行うのである。

【例題18】

　次の交通費勘定を損益勘定に振り替えなさい。

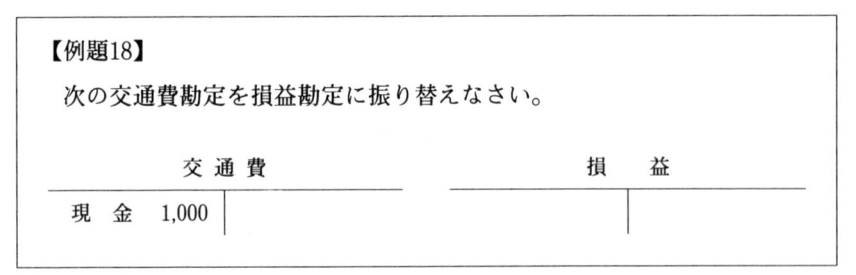

【解答・解説】

　いま，損益という勘定には，なにも記入されていない。交通費勘定の借方に1,000円が記入されている。交通費勘定の借方1,000円を損益勘定に移すための仕訳が振替仕訳である。損益勘定のいずれに移すかということだが，借方に移す。なぜ，借方に移すのかといえば，損益勘定に移したい1,000円は，交通費勘定の借方にあるからである。つまり，借方の金額は，他の勘定へ移しても，やはり借方に移るのである。逆に，交通費勘定の貸方に1,000円を記入する。なぜなら，この1,000円は損益勘定に移してしまい，もう交通費勘定にはないからである。貸方に1,000円を記入すると残高がゼロになる。そこで，貸方を

交通費1,000円という仕訳をする。以上から，次の仕訳になる。

　（損　　益）　　1,000　　　　　（交通費）1,000

交　通　費		損　　　益
現　金　1,000 ｜ 損　益　1,000		交通費　1,000 ｜

(2)　帳簿の締切手順

○　今年度の取引が仕訳され，元帳の各勘定に記録がされている。

○　収益と費用に属する諸勘定を損益勘定に振り替える。

○　損益勘定の残高を資本金勘定に振り替える。

○　資産・負債・純資産に属する勘定を締め切る。

【例題19】

次の決算整理後の勘定を締め切りなさい。

売　　上		仕　　入
｜ 諸　口　500,000		諸　口　300,000 ｜

【解答】

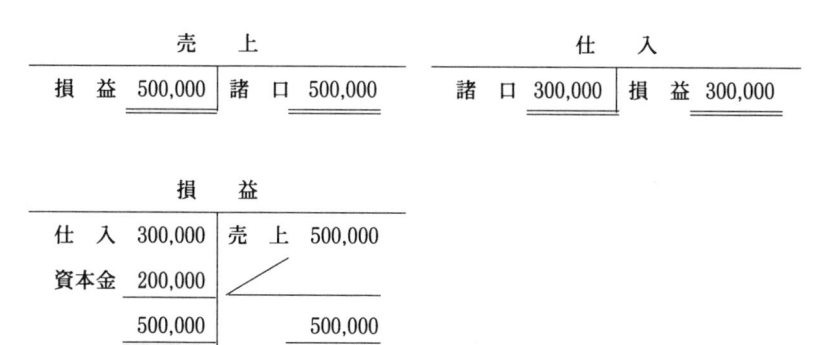

売　　上		仕　　入
損　益　500,000 ｜ 諸　口　500,000		諸　口　300,000 ｜ 損　益　300,000

損　　益
仕　入　300,000 ｜ 売　上　500,000
資本金　200,000 ｜
500,000 ｜ 500,000

【例題20】

次の決算整理後の勘定を締め切りなさい。

現　金		借　入　金	
諸　口　80,000	諸　口　30,000	諸　口　10,000	諸　口　40,000

【解答】

現　金		借　入　金	
諸　口　80,000	諸　口　30,000	諸　口　10,000	諸　口　40,000
	次期繰越　50,000	次期繰越　30,000	
80,000	80,000	40,000	40,000
前期繰越　50,000			前期繰越　30,000

(3) 繰越試算表

これまでの一連の手続きで，簿記に関する帳簿上の手続きはすべて終了した。これまでの流れをもう一度確認する。

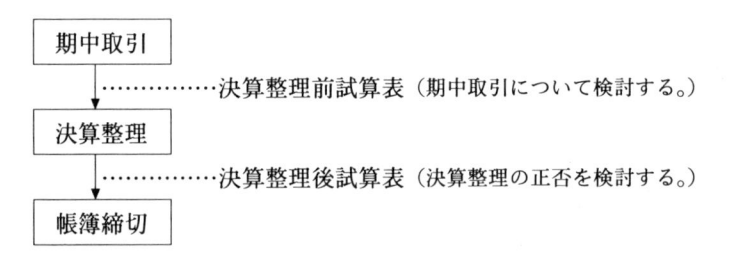

以上の一連の手続きのなかで，1つだけ不十分な点がある。それは，帳簿の締切手続き自体の検証がなされていないということである。期中取引については，決算予備手続きの段階で試算表を作成し検討した（決算整理前試算表）。その後行われた決算整理についても，やはり試算表を作成して検討した（決算整理後試算表）。しかし，その後行われた帳簿の締切自体の検証は，行われてい

ない。そこで，この帳簿の締切自体を検証することが必要になる。このために
作成されるのが繰越試算表である。この試算表は帳簿の締切を行ったとき，資
産・負債・純資産について次期繰越・前期繰越の記入をしたが，その時の前期
繰越とされた金額をそのまま一覧表にしたものである。この場合も試算表の貸
借が一致すれば正しかったことが検証される。

3　試算表

(1)　試算表の意味

　取引は，仕訳帳に仕訳し，総勘定元帳の各勘定口座に転記する。この総勘定
元帳の勘定記録が正しいかどうかを検証するために試算表を作成する。

　試算表は，貸借平均の原理を利用して，勘定記録の正否を検証する。すなわ
ち，総勘定元帳に転記された金額は，つねに貸借平均しており，すべての勘定
を集計した場合，借方金額の合計と貸方金額の合計とは一致しなければ，どこ
かに誤りがあることになる。試算表は，この誤りを発見し，訂正を加えること
によって総勘定元帳の記録を正確にしようとするものである。

(2)　試算表の種類

　試算表には，合計試算表，残高試算表および合計残高試算表の3種類がある。
それぞれの作成方法は，次のとおりである。

　1)　合計試算表

　　　合計試算表は，各勘定の借方合計額と貸方合計額とを集めて作成する。
　　　借方合計の総額と貸方合計の総額とは，貸借平均の原理にもとづいて，
　　　必ず一致する。

　2)　残高試算表

　　　残高試算表は，各勘定の残高を1つの表に集めたものである。残高試
　　　算表も合計試算表と同じように，貸借各合計が一致する。その理由は，
　　　残高試算表は合計試算表の貸借両側から，勘定ごとに同じ金額を差し引
　　　いた残りを表しているからである。

48

3）合計残高試算表

　　合計残高試算表は，合計試算表と残高試算表を合わせて，１つの表に
まとめたものである。

【例題21】

　　レストラン坂本の次の勘定記録から，合計残高試算表を作成しなさい。
作成日は，６月30日とする。

11	現　　　金	
40,000		17,500
12,000		6,000
15,000		15,000
17,500		27,250
		1,250

12	普通預金	
27,250		5,000
		11,000
		1,500

13	調理設備	
17,500		
15,000		

21	資　本　金	
1,250		60,250
1,500		

31	売　　　上	
		12,000
		15,000
		17,500

41	給　　　料	
6,000		

42	広　告　費	
5,000		

40	仕　　　入	
4,000		
7,500		
8,750		

43	水道光熱費	
6,000		

44	消耗品費	
5,000		

【解答】

合計残高試算表

平成○年 6 月30日

残　　高	合　　計	元丁	勘定科目	合　　計	残　　高
17,500	84,500	11	現　　　　　金	67,000	
9,750	27,250	12	普 通 預 金	17,500	
32,500	32,500	13	調 理 設 備		
	2,750	21	資 本 金	60,250	57,500
		31	売　　　　　上	44,500	44,500
20,250	20,250	40	仕　　　　　入		
6,000	6,000	41	給　　　　　料		
5,000	5,000	42	広 告 費		
6,000	6,000	43	水 道 光 熱 費		
5,000	5,000	44	消 耗 品 費		
102,000	189,250			189,250	102,000

11	現　　金		
40,000		17,500	
12,000		6,000	
15,000		15,000	
17,500		27,250	
		1,250	
84,500		67,000	

12	普 通 預 金		
27,250		5,000	
		11,000	
		1,500	
27,250		17,500	

13	調 理 設 備		
17,500			
15,000			
32,500			

21	資 本 金		
1,250		60,250	
1,500			
2,750		60,250	

31	売 上		
		12,000	
		15,000	
		17,500	
		44,450	

41	給 料	
	6,000	

42	広 告 費	
	5,000	

40	仕 入	
	4,000	
	7,500	
	8,750	
	20,250	

43	水道光熱費	
	6,000	

44	消耗品費	
	5,000	

4 精算表

(1) 精算表の意義

すでに学んだように，決算手続きは，まず試算表を作成して元帳記入の正否を検証することから始まる。次に棚卸表にもとづいて必要な修正記入を行う。そして帳簿を締め切り，その後に財務諸表を作成することにより終了する。このような決算手続きの流れを1つの表にまとめた決算一覧表というべきものが精算表である。

すなわち，精算表とは，1つの表の中に残高試算表・決算修正記入・損益計算書・貸借対照表などを含み，決算手続きのすべてを網羅したものである。そして精算表を帳簿決算に先だって作成することにより，帳簿決算がより正確に行われることになる。

(2) 精算表といままでの学習との関係

精算表は，いままで勉強してきた決算手続きを一覧表の形式にしたものなので，基本的にはいままでの学習で十分作成できる。そこで精算表の形式といままでの決算手続きの関係を説明する。

① 精算表の形式

精算表の形式にはいろいろな形式がある。もっとも一般的に使われているのが，次のような 8 桁精算表である。

精　算　表

勘 定 科 目	残高試算表		修 正 記 入		損益計算書		貸借対照表	
	借方	貸方	借方	貸方	借方	貸方	借方	貸方

このように精算表の形式は，左から勘定科目欄，残高試算表欄，決算整理欄，損益計算書欄，貸借対照表欄となっている。

② いままでの学習内容との関係

   ○ 残高試算表欄

     この欄は，決算の一段階で勉強した試算表の中の残高試算表と同じである。

   ○ 決算整理欄

     この欄は，決算整理事項の処理をする欄である。決算整理事項で勉強してきた，いろいろな仕訳をこの欄で行う。

   ○ 損益計算書欄

     この欄は，いままでの学習でいえば，損益勘定に相当する。決算整理が終了したら，帳簿を締め切るが，そのとき収益と費用は損益勘定に集めた。そして，その損益勘定から損益計算書を作成した。精算表は，帳簿を締め切る前に作成し，帳簿の締切手続きをしないで直接その数値を求めることができる表である。

   ○ 貸借対照表欄

     この欄は，貸借対照表に相当すると考えなければならない。繰越試算表には，資産・負債・純資産が集計された。精算表の貸借対照表欄に集計する。

(3) **精算表作成の具体例**

次のように勘定記入が行われ決算を迎えた。決算に入る前に精算表を作成してみる。

【例題22】

次の期末修正事項にもとづいて解答欄の精算表を完成しなさい。会計期間は，平成3年4月1日から平成4年3月31日である。

現　　金			
諸　口	165,000	諸　口	110,000

受 取 手 形			
諸　口	70,000	諸　口	30,000

売 掛 金			
諸　口	80,000	諸　口	20,000

有 価 証 券			
諸　口	8,000		

繰 越 商 品			
諸　口	30,000		

建　　物			
諸　口	130,000		

支 払 手 形			
諸　口	10,000	諸　口	40,000

買 掛 金			
諸　口	10,000	諸　口	60,000

貸倒引当金			
		諸　口	3,000

建物減価償却累計額			
		諸　口	9,000

資 本 金			
		諸　口	150,000

引 出 金			
諸　口	8,000		

売　　上			
		諸　口	200,000

仕　　入			
諸　口	100,000		

消 耗 品 費			
諸　口	6,000		

支払保険料			
諸　口	2,000		

現金過不足			
諸　口	3,000		

1）期末商品棚卸高は¥50,000である。売上原価は「仕入」の行で計算すること。

2）現金過不足の原因は不明であった。

3）売掛金と受取手形の残高に対し2％の貸し倒れを見積もることとした。差額補充法によること。

4）建物については，定額法による減価償却を行う。ただし，建物の残存価額は取得原価の10％，耐用年数は10年である。

5）消耗品の期末消費高が¥800ある。

6）引出金の振替を行うこと。

7）有価証券の期末時価は¥7,800であった。当社は，低価法を採用している。

【解答・解説】

　修正記入の方法は，次のとおりである。

　イ．残高欄を記入する。

　ロ．決算整理事項の仕訳を行う。

　この決算整理事項は，形式が異なるだけで内容はすべていままでの内容とは変わらない。

　ハ．各勘定科目ごとに横に計算する。

　この計算方法は，借方と借方，または貸方と貸方のように記入されている場合は足し算，借方と貸方のような場合は引き算となる。この理由は，各勘定を横に見るということが，勘定を見るということと同じだからである。

精 算 表

（単位：千円）

勘定科目	残高試算表		修正記入		損益計算章		貸借対照表	
	借方	貸方	借方	貸方	借方	貸方	借方	貸方
現　　金								

たとえば，仕入の欄を見てみると，当初借方に100,000円あり，決算整理で借方に30,000円，貸方に500,000円記入される。これを勘定に置き換えれば，次の記入をしているのと同じことになる。

仕　　　入

諸　口　　100,000	50,000 ◀—— 次期繰越
前期繰越 ——▶ 30,000	

このように，精算表の記入でも勘定記入と同じことが行われている。ただ，その記入の形式が異なっているだけである。この点が，精算表の理解でもっとも重要なことである。

ニ．費用収益の勘定は，損益計算書欄に，資産・負債・純資産の勘定は，貸借対照表欄に記入する。

ホ．損益計算書欄の差額を求める。

　この差額が当期の純損益になる。純損益は，貸方の方が多ければ純利益，借方の方が多ければ純損失となる。記入の場所は，少ない方に記入され，貸借は一致する。

ヘ．貸借対照表欄の差額を求め，損益計算書と同様に記入し，貸借一致を図る。

この差額も当期の純損益であり，必ず損益計算書の純損益の額と同じになる。

【決算修正仕訳】

1）	（仕　　　　　入）	30,000	（繰　越　商　品）	30,000
	（繰　越　商　品）	50,000	（仕　　　　　入）	50,000
2）	（雑　　　　　損）	3,000	（現　金　過　不　足）	3,000
	（貸　倒　引　当　金）	1,000	（貸倒引当金戻入）	1,000

$$(40,000+60,000)\times 2\,\%=2,000円$$

残高試算表上の繰り越された貸倒引当金は，3,000円である。今期の貸倒引当金の計上額は，計算により2,000円，差し引き1,000円多すぎる。多すぎる分は，戻し入れしなければならない。

3 ）　（建物減価償却費）　　　11,700　　　　　（建物減価償却累計額）　　　11,700

定額法による減価償却費の計算式は，次のとおりである。

$$減価償却費 = \frac{取得原価 - 残存価額}{耐用年数} = \frac{130,000円 - 130,000 \times 10\%}{10年}$$

4 ）　（消　　耗　　品）　　　800　　　　　　（消　耗　品　費）　　　　800

5 ）　（資　　本　　金）　　8,000　　　　　　（引　　出　　金）　　　8,000

6 ）　（有価証券評価損）　　　200　　　　　　（有　価　証　券）　　　　200

　有価証券の期末評価の会計処理の方法として，低価法を採用している。低価法とは，有価証券の帳簿価格と時価とを比較して，いずれか低い方を次期以降の帳簿価格とする会計処理方法である。

　　　　8,000円－7,000円＝1,000円

第3章　財　務　会　計

第1節　会計理論の構造

われわれが企業会計を考える場合，その対象として，現代の主要な企業形態である株式会社の経営活動を前提する。本章では，その前提にたって，企業経営における会計の果たす役割と機能，さらに構造について概観する。

1　会計の目的

利潤追求活動を目的とする会社は，会社を運営するにあたって必要な元手（資金＝資本）を，株式の発行によって調達する。要するに企業は，運営資金をその株式を購入した株主（出資者）から貨幣によって調達して，その活動を開始する。さらに，この資金を一定の経営計画にもとづいて運用（商品の仕入，設備・用役の購入）し，それを外部へ販売して，その対価としてより大きな貨幣（資本）を獲得することができる（「資本の循環過程」）。

しかし，企業活動はこれで終わりというわけではなく，企業の事業・経営活動の成果として獲得した資本の一部を，運営資金（元手）の提供者である株主に分配しなければならない。つまり，現代の企業は利潤追求活動のみを行えばよいというわけではなく，企業経営にたずさわる各種利害関係者の権利（「知る権利」）と，実際に企業を運営する企業側の権利（「プライバシーの権利」）との関係を調整するという重要な役割も担っている。出資者たる株主はもとより，債権者や国・地方公共団体ならびに従業員や消費者などの各種利害関係者に対して，企業は債務（社会的責任）を果たすことによってはじめてその活動を遂行したといえるのである。

以上，企業活動の目的は，①営利活動を推進するための経営管理目的と，②その成果を各種の利害関係者と調整する利害調整目的，とに大別される。

　企業の経営者がこれらの目的にこたえるためには，日常的にその財務的活動の内容を記録・整理して，会計報告書を作成することが必要となった。さらに付け加えれば，この報告書の内容や形式は，その企業に直接・間接に関係を有する人々の利害や，時代の変遷によってさまざまな影響を受けることになる。

第2節　財務諸表の意義と内容

　これまで，会計がどのような目的から要請され，また会計報告書がいかなる観点から作成されねばならないか概観してきた。

　そこで本節では，この会計報告書（以下，「財務諸表」という）について，さらに具体的にその内容を吟味する。

1　財務諸表の意義と特徴

　財務諸表（financial statements）とは，簿記システムという一定のルールに従ってインプットされた企業の財務的情報を，企業をとりまく各種の利害関係者（株主・債権者など）にアウトプットするために，会計帳簿から作成された財務報告書である。

　この財務報告書の主なものには，企業の一定期間における収益力（フローの情報）を示す損益計算書（Profit & Loss statement；P/L ないしは，Income Statement；I/S）と，期末資本の有高とその状態（ストックの情報）を示す貸借対照表（Balance Sheet；B/S）がある。これらを総称して「財務諸表」という。

　このような性格をもつ財務諸表は，企業をとりまく各種の利害関係者（企業内・外部とは関係なく）が，当該企業が行うさまざまな経営活動に対する状況判断を行う場合に，誤りのないように必要かつ有用なデータを提供しうるものでなければならない。要するに，経営者は，財務諸表という手段によって企業内外の利害関係者が必要とする会計情報を提供することによって，受託責任を解除されることになるのである。

　財務諸表の有すべき特徴をまとめると次のようになる。

① 財務諸表は，企業経営の主目的である利害追求活動の結果を示す経営成績と，企業資本の期末（一時点）における有高と状態を示す財政状態について，一定のルールに従って科目と金額に要約したものであること。

② 財務諸表は，ある会計事実を評価する際に，公平な会計慣行として認められた複数の会計処理方法を人為的に判断して選択適用することによって会計帳簿を作成し，その記録された数値を基礎として作成すること。

③ 財務諸表は，企業の行う経営活動を各種利害関係者に報告すると同時に，その受託者である経営者の責任をも解除すること。

企業は，以下のような点をふまえて財務諸表を作成し，報告することによって，経営活動の成果についての情報を各種の利害関係者を含む一般社会に表明することができるのである。言葉をかえていえば，財務諸表は，企業と一般社会とを結ぶ一種の連結環（橋渡し）としての役割を担っているといえる。

2 財務諸表の種類および体系

財務諸表は，企業の財務的情報を簿記システムを通じて貨幣額で表示したものであり，それは企業と社会とを結ぶ連結環としての役割を担うという点について先に述べたが，そうなると情報としての有用性を確保するために社会的にさまざまな規制が加えられることになる。つまり，企業が作成する財務諸表は，企業会計原則，証券取引法，商法および税法等の諸法規の理念や目的観によって規制されることになる。具体的には，種類・配列順位・用語・様式・会計処理の方法などの点で，これら諸法規の制約は相違している。

それでは，これら会計諸法規の性格について，以下に整理してみることにする。

《会計諸法規》

①企業会計原則

企業会計原則は，企業活動における会計規範を提示したものであり，すべての企業が会計処理を行う場合に従わねばならない基準である。この原則では，企業の経営状況（経営成績・財政状態）の表示を重視している。

②金融商品取引法・財務諸表等規則

　金融商品取引法は，上場企業，店頭公開企業，ならびに５億円以上の株式・社債の募集，または売出しを行う大規模企業に適用される法律である。金融商品取引法によって，上記の規定に該当する企業は，毎決算期に有価証券報告書を作成して内閣総理大臣へ提出することが義務づけられる。この報告書に添付する財務諸表は「財務諸表等の用語・様式および作成方法に関する規則（以下，財務諸表規則という）」にもとづいて作成しなければならない。この法律の理念は，投資家保護の立場をとっている。その体系については，下記で説明する会社法との法的整合性を考慮したものとなっている。

③会 社 法

　会社法において規定される財務諸表（計算書類）は，「会社計算規則」にもとづいて作成される。会社法では，債権者保護の理念から期末資本の有高計算を重要視して，配当可能利益の概念を規定している。

④法人税法

　株式会社を中心とする法人企業は，「法人税法」の規定により課税所得を算定し，納税申告を行わねばならない。その際，財務諸表を確定申告書に添付しなければならない。

　この場合の財務諸表は，特に固有のものを作成するわけではなく，確定した決算にもとづく会計帳簿から作成されるものである。その理念は，企業会計の実践段階において，恣意的な部分を排除するとともに課税回避を防止することにあり，健全な会計慣行を行うために設けられた規定なのである。

　ここで，上記の会計諸法規と財務諸表の関係について図示すれば，図表３－１のとおりである。

図表 3 － 1　会計規制と財務諸表の種類および体系

会 計 規 則	企業会計原則	金融商品取引法	会 社 法	法 人 税 法
財務諸表の呼称	財 務 諸 表	財 務 諸 表	計 算 書 類	確定申告書
会計の目的	経営状況の表示	投資家保護	債権者保護	課税の公平
①	損益計算書	貸借対照表	貸借対照表	貸借対照表
②	貸借対照表	損益計算書 キャッシュ・フロー計算書	損益計算書	損益計算書
③	財務諸表付属明細表	利益処分計算書又は損失金処理計算書	事業報告書	損益金の処分案
④	利益処分計算書又は損失金処理計算書	付属明細表	利益ノ処分又ハ損失ノ処理ニ関スル議案	勘定科目明細書
⑤			付属明細表	資本積立金額の増減明細書

※ 利益処分計算書—株主総会で決定する処分計画の内訳を表示

※ 付 属 明 細 書—内訳を表示

次に，図表3－1で示した諸法規の中から「企業会計原則」の前文で定める体系について具体的にみていく。

①損益計算書

　損益計算書とは，企業経営における実現収益とそれに対応して発生した費用とを，それぞれ一定期間にわたって動態的かつ継続的に記録・計算し，企業の経営成績を表示した試算表である。

②貸借対照表

　貸借対照表とは，一時点における企業の財政状態ないしは資金の調達源泉および使途・運用状況を明らかにし，その結果について利害関係者に報告するために作成される資産・負債・資本の有高を示した残高表である。

③財務諸表附属明細表

　財務諸表附属明細表（書）は，貸借対照表および損益計算書において，その

うち特に重要な項目について補足説明を要する場合に作成される。その結果として，経理内容が明瞭となり，財務諸表の比較可能性が高められる。

　財務諸表規則（第120条）では，附属明細表として，次の6種類の諸表の作成を求めている。

　1．有価証券明細表，2．有形固定資産等明細表，3．社債明細表，4．借入金等明細表，5．引当金明細表，6．資産除去債務明細表

　ただし，連結財務諸表を作成している場合，3と4については作成を求めていない。

④利益金処分計算書

　損益計算書で算出された当期未処分利益は，株主総会の承認決議を得て処分が確定する。そのために利益処分の計画案を提示するのが利益金処分計算書である。利益金処分計算書は，まず，損益計算書で算出された当期未処分利益を記載し，次に，任意積立金の取崩しがあればそれを記載して，当期の利益処分の総額を示す。その利益処分の総額から利益処分額を控除して，次期繰越利益を算出して作成される。利益処分計算書の様式を示せば，図表3－2のとおりである。

図表3－2　利益金処分計算書

```
会社名
                    利益処分計算書
                平成○年○月○日

 I.   当期未処分利益                        ××
 II.  任意積立金取崩額                      ××
          合　計                          ××
 III. 利益処分額
        利益準備金                ××
        配　当　金                ××
        役員賞与金                ××
        任意積立金
          別途積立金      ××
          減債積立金      ××      ××      ××
 IV.  次期繰越利益金                        ××
```

ただし，当期未処理損失が生じた場合には，損失金処理計算書を作成する。その様式を示せば，図表3-3のとおりである。

図表3-3　損失金処理計算書

```
会社名
                損失金処理計算書
                平成○年○月○日

Ⅰ．当期未処理損失                        ××
Ⅱ．損失金処理額
      任意積立金繰入額              ××
      その他の資本剰余金繰入額        ××
      利益準備金繰入額              ××
      資本準備金繰入額              ××      ××
Ⅲ．次期繰越損失                          ××
```

3　会計公準

　企業の事業・経営活動を整理・記録して，財務諸表を作成する際には，一定のルールが必要である。このルールは，経済社会の発展のなかで企業会計の慣習や制度の中からもっとも妥当と思われる共通の特質を選びとったものである。

　今日，企業が財務諸表を作成する場合には，この共通のルールを基礎としてその行為が行われている。これが，現在「会計公準（accounting postulate）」という言葉で呼ばれているものである。

　会計公準の代表的なものには，①企業実体（会計単位）の公準，②継続企業（会計期間）の公準，③貨幣的評価の公準の3つがある。それでは，以下の3つの公準について説明する。

①企業実体（会計単位）の公準……計算単位を定めた公準

　今日の企業会計においては，必ずある範囲の経済単位をその計算単位としている。この計算単位のことを「会計単位」という。この公準は，会計が株主や

経営者の家計とは独立して，企業そのものを「会計単位」として会計を行うことを仮定したものである。

②継続企業（会計期間）の公準……会計期間を定めた公準

　現在企業会計は，企業が継続的に経営されていくことを前提としてその活動を行っている（going concern）。このような継続企業の前提に立って企業の経営活動を計数化する場合には，連続して行われている活動を一定の期間に区切る必要がある。つまり「会計期間」の公準とは，連続する企業活動を人為的に一定期間（たとえば，1年とか半年）に区切り，その成果を測定することである。

③貨幣的評価の公準……計算尺度を定めた公準

　企業の経営活動において，その活動の流れを測るためにはある共通の尺度が必要である。たとえば企業の外部活動（購入・販売）などでは，通常，貨幣をその媒介手段として用いているために，企業会計では，企業全般の活動の成果を統一的に捉えるために，計算尺度として貨幣額を用いることが要請されるのである。

　以上あげた会計公準を共通のルールとして財務諸表を作成して，はじめてその記録内容は，企業の多様な目的の比較・検討のための基礎資料となるのである。

第3節　会計原則

1　会計原則の意義および体系

　財務諸表を作成するにあたっては，これまでの企業会計の慣習やその制度のしくみの中から一般的かつ共通のルールとして導かれた会計公準がその基礎にある。しかし，公準はあくまでも企業会計を行ううえでの前提ないしは仮定であって，それだけで財務諸表の適否を判断するものではない。

　今日のように会計情報の有用性が各種の利害関係者から求められるような場合，その内容を判断するための客観的な基準が必要なのである。すなわち，財

務諸表を作成し，また利害関係者がその内容を理解する場合の基準として，一般に公正妥当と認められた会計原則が必要となるのである。

わが国の会計原則（「企業会計原則」）は，昭和24年，当時の経済安定本部企業会計制度対策調査会によってその原形が公表された。その内容については，前文に次のように示されている。

「企業会計原則は，企業会計の実務の中に慣習として発達したもののなかから，一般に公正妥当と認められたものを要約したものであって，必ずしも法令によって強制されないでも，すべての企業がその会計を処理するにあたって従わなければならない基準であり，公認会計士が公認会計士法および証券取引法に基づき財務諸表の監査をする場合に従わなければならない基準であって将来，商法，税法などの法令が制定改廃される場合に尊重されなければならないものである」

それでは，次に企業会計原則の体系をみてみる。その体系は，一般原則，損益計算書原則および貸借対照表原則の3つの原則から構成されている。また，それらの項目について説明を要する重要なものには，それぞれ注釈が付されている。

〈企業会計原則〉

第1原則　一般原則

第2原則　損益計算書原則

第3原則　貸借対照表原則

　　　　　注解

図表3－4　企業会計原則の内容

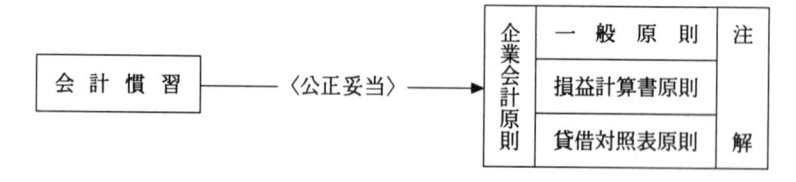

2 一般原則

一般原則は，損益計算書原則および貸借対照表原則の両原則に共通する一般的かつ基本的な原則であり，いわば企業会計の土台をなす原則といえる。「企業会計原則」では，一般原則として次の7つの原則と，注解1をあげている。

①真実性の原則　②正規の簿記の原則　③資本と利益の区分の原則

④明瞭性の原則　⑤継続性の原則　　　⑥保守主義の原則

⑦単一性の原則　（注解1）重要性の原則

それでは次に，一般原則および重要性の原則（注解1）についてみていくことにする。

①真実性の原則

原文「企業会計は，企業の財政状態および経営成績に関して，真実な報告を提供するものでなければならない。」（一般原則一）

この前文でいう「真実な報告」とは，企業および企業外部の利害関係者の社会経済的な環境条件をふまえたうえでの，情報の有用性および信頼性を備えた正確な会計報告を意味する。また，企業会計原則の基本理念である社会一般に認められるという意味で，真実にもとづいて客観的な立場から財務諸表を作成すると同時に，利用者の社会的同意にもとづくその他の会計諸原則に準拠して会計報告を行うことを要請する原則である。

図表3－5

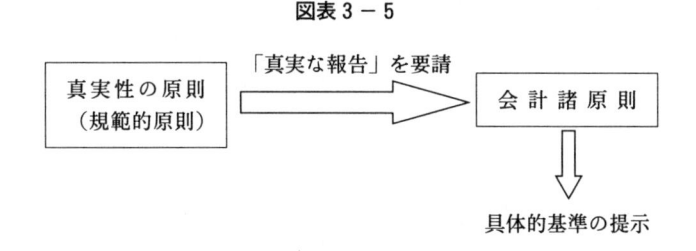

②正規の簿記の原則

原文「企業会計は，すべての取引につき，正規の簿記の原則に従って，正確な会計帳簿を作成しなければならない。」（一般原則二）

この原則でいう「正規の簿記」とは，真実にもとづいた会計報告書を作成する場合に，その記録・処理方法の要件を備えた簿記を意味する。つまりこの原則は，真実性の原則を支える基本的なものであり，またその記録・処理方法に関しては後述する重要性の原則（注解1）とも相互的な関係を有する。

③資本と利益の区分（剰余金区分）の原則

原文「資本取引と損益取引とを明瞭に区別し，特に資本剰余金と利益剰余金とを混同してはならない。」（一般原則三）

この原則は，基本的に資本と利益と区別することを要請するものである。それは，企業の経営成績と財政状態を性格に報告するには，資本それ自体の変動に関する取引（資本取引）と資本の運用に関する取引（損益取引）とを明確に区別するためである。要するに，資本は，企業を運営するために投入された元手であるから常に維持されるべき性格のものであり，利益は，その元手を運用した結果獲得された果実，つまり資本の増殖分であるので処分可能な性格を有するものだからである。

この区別を明確に行わなければ，それぞれの測定値に影響を及ぼすばかりか，その結果，利害関係者を誤った意思決定に導くことにもなりかねない。会計情報の有用性を確保するためには，この区別は厳密に行われねばならないのである。

④明瞭性の原則（公開性の原則）

原文「企業会計は，財務諸表によって，利害関係者に対し必要な会計事実を明瞭に表示し，企業の状況に関する判断を誤らせないようにしなければならない。」（一般原則四）

　1）　明瞭性の条件

　　a　財務諸表の記載事項に対する明瞭性

　　　i）区分・配列・勘定科目などに関する明瞭性

　　　ii）金額に関する明瞭性

　　b　会計方針の開示

　2）　勘定科目の配列法（流動性配列法・固定性配列法）

　勘定科目の配列法には，流動性配列法と固定性配列法の 2 つの方法がある。

　流動性配列法とは，資産については勘定科目を現金・受取手形・売掛金・各種棚卸資産・前払費用など流動性の高い順，すなわち換金化の早い順あるいは費用化の早い順に配列し，負債については支払手形・買掛金・短期借入金など支払いや返済期限の早く到来する順に配列する方法をいう。

　わが国の場合，一部の企業を除いてはほとんどが流動性配列法を適用している。これに対し，固定性配列法とは，流動性配列法とは，まったく逆の配列法であり，固定性の高い順，逆のいい方をすれば流動性の低い順に，勘定科目を配列する方法をいう。この方法を適用している企業としては，日本電信電話会社，鉄鋼，電力，ガスなどの固定資産を多く所有している大企業などに多く存在している。なお繰延資産については，流動性配列法・固定性配列法を問わずいずれの場合でも，資産の最下部に配列される。この 2 つの配列を図示すれば次のとおりである。

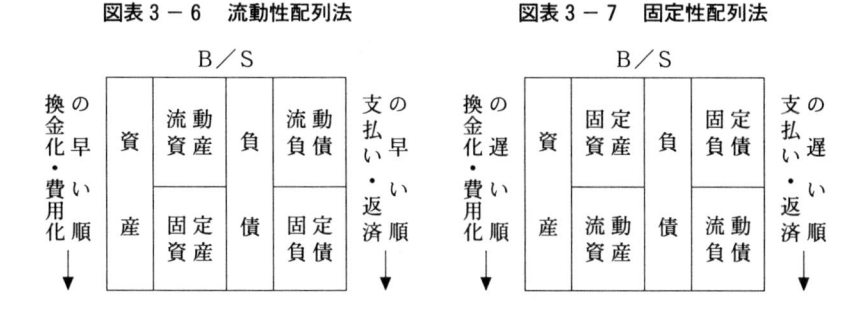

図表 3 - 6　流動性配列法　　　　　図表 3 - 7　固定性配列法

3)　流動・固定の分類基準

　資産・負債の諸勘定を流動・固定に分類する基準には，営業循環基準（正常）と 1 年基準（ワン・イヤー・ルール）の 2 つがある。

　営業循環基準（正常）は，原則的な基準で通常の営業循環過程内で発生する棚卸資産や売上債券（売掛金・受取手形）を流動資産とし，買掛債務（買掛金・支払手形）を流動負債として取り扱う考え方をいう。それ以外の営業循環過程外で発生する債権・債務などについては，営業活動外取引として 1 年基準（ワ

ン・イヤー・ルール）が適用される。

図表 3 － 8　営業循環基準

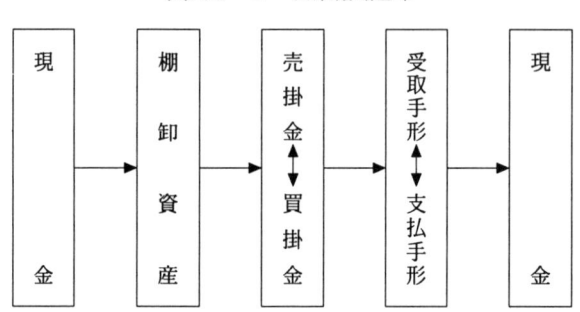

1年基準（ワン・イヤー・ルール）は，営業循環基準が適用されない資産・負債の諸項目については，決算日の翌日から計算して1年以内に期限の到来する短期の資産・負債を流動資産・流動負債とし，1年を超える長期の資産・負債を固定資産・固定負債として取り扱う考え方をいう。

図表 3 － 9　1年基準

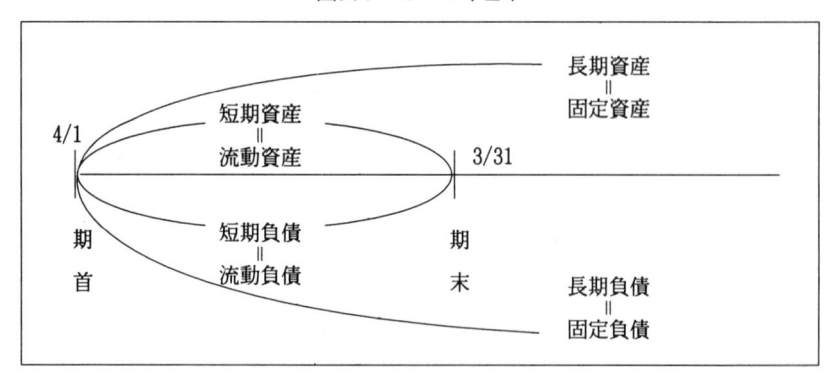

4)　金額に対する明瞭性（総額主義と純額主義）

総額主義とは，貸借対照表，損益計算書に表示される諸項目の金額は，総額（総額主義）によって表示し，決して相殺した結果の純額（純額主義）で表示してはならないという報告原則をいう。たとえば，同一取引先に売掛金と買掛金

の債権・債務がある場合，売掛金と買掛金の両建による表示が要求される。

　なぜ，企業会計原則では総額主義による表示を要求しているかというと，仮に，純額主義を適用した場合には，企業の取引規模や財政規模がどれくらいかを把握できなくなるからである。

図表3－10　総額主義・純額主義による表示

総額主義による表示（良い）		純額主義による表示（悪い）
B／S		B／S
売掛金 1,000 ／ 売掛金 300	→	売掛金 700
貸付金 500 ／ 貸付金 300		貸付金 200

　5）　注記事項

　財務諸表に表示される勘定科目のうち，重要な項目については財務諸表の欄外に注記を行う。その場合の注記事項としては，たとえば次のような項目がある。

　　a．資産の評価方法，固定資産の減価償却の方法，重要な引当金の計上の方法など貸借対照表または損益計算書の作成に関する会計方針。

　　b．貸借対照表，損益計算書の作成に関する会計方針を変更したときは，その旨およびその変更による増減額（ただし，その変更または変更による影響が軽微であるときは，その旨または変更による増減額の記載は必要ない）。

　　c．受取手形の割引高，裏書譲渡高，保証債務などの偶発債務。

　　d．子会社との営業取引による総額その他。

⑤継続性の原則

　原文「企業会計は，その処理の原則及び手続を毎期継続して適用し，みだりにこれを変更してはならない。」（一般原則五）

　この原則は，企業がいったん選択適用した会計処理の原則，基準および手続きについては毎期継続して適用する事を要請したもので，みだりに変更することをいましめている。なぜ継続的適用が要請されるのかというと，現在の企業

会計は，同一の会計事実に対して複数の処理方法を認めているからである（経理自由の原則）。

たとえば，減価償却の計算方法（定率法・定額法），棚卸資産による評価方法（平均法・先入先出法・後入先出法・低価法）など，種々の処理方法の選択適用が認められている。この処理方法をみだりに変更することを認めると，財務諸表の期間比較性の確保が難しくなり，さらに経営者の恣意性が入り，企業による利益操作が行われ易くなるからである。したがって，継続性の原則が維持されることによって財務諸表の真実性が保証されることになる。

継続性の原則の目的 { ① 財務諸表の期間比較性の確保
② 企業の利益操作の排除

図表 3 −11　継続性の原則の違反例

	第 1 期〜第10期	第　11　期
減価償却の計算方法	定　率　法	定　額　法
棚卸資産の評価方法	後 入 先 出 法	総 平 均 法

⑥保守主義の原則（安全性の原則）

原文「企業の財政に不利な影響を及ぼす可能性がある場合には，これに備えて適当に健全な会計処理をしなければならない。」（一般原則六）

企業は，不確実性の環境下で，リスクを背負って経営活動を営んでいる。ひとたび経営上の判断を誤ると，取り返しのつかない損失をこうむることになる。したがって，企業には健全な財政基盤の確立が求められているのである。そのためには，企業の経理処理においても「今後予想される費用・損失は損益計算書に計上するが，予想される収益は未実現収益のため計上しない」という保守的経理処理が行われる必要がある。ただしその場合においても，過度な保守主義は認められない。保守的経理を図示すれば図表 3 −12のとおりである。

図表 3 − 12　保守的経理処理

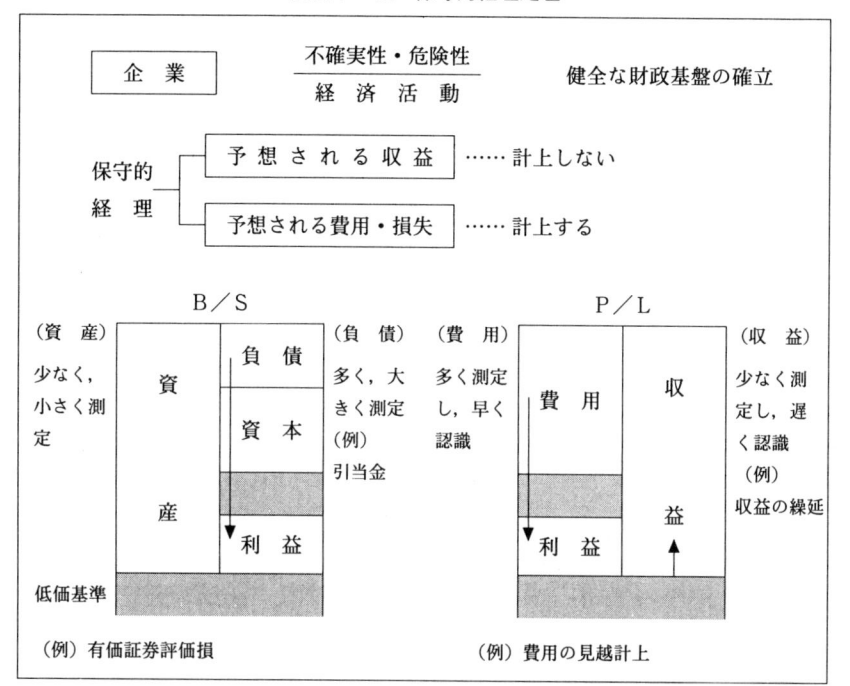

⑦単一性の原則

　原文「株主総会提出のため，信用目的のため，租税目的のため等種々の目的のために異なる形式の財務諸表を作成する必要がある場合，それらの内容は，信頼しうる会計記録にもとづいて作成されたものであって，政策の考慮のために事実の真実な表示をゆがめてはならない。」（一般原則七）

　「実質一元，形式多元」のことばに象徴されるとおり，企業が作成する財務諸表は，その提出および利用される目的が多様であるため，異なる形式の財務諸表が作成される場合がしばしばある。しかし，それは 1 つの会計事実にもとづいて作成されるため，実質的な内容においてつねに同一性が求められる。

重要性の原則（注解1）

原文「企業会計は，定められた会計処理の方法に従って正確な計算を行うべきものであるが，企業会計が目的とするところは，企業の財務内容を明らかにし，企業の状況に関する利害関係者の判断を誤らせないようにすることにあるから，重要性の乏しいものについては，本来の厳密な会計処理によらないで他の簡便な方法によることも正規の簿記の原則に従った処理として認められる。重要性の原則は，財務諸表の表示に関しても適用される。」

重要性の原則の適用例としては，次のようなものがある。

1) 消耗品，消耗工具器具備品その他の貯蔵品等のうち，重要性の乏しいものについては，その買入時または払出時に費用として処理する方法を採用することができる。

2) 前払費用，未収収益，未払費用及び前受収益のうち，重要性の乏しいものについては，経過勘定科目として処理しないことができる。

3) 引当金のうち，重要性の乏しいものについては，これを計上しないことができる。

4) たな卸資産の取得原価に含められる引取費用，関税，買入事務費，移管費，保管費等の付随費用のうち，重要性の乏しいものについては，取得原価に算入しないことができる。

5) 分割返済の定めのある長期の債権または債務のうち，期間が一年以内に到来するもので重要性の乏しいものについては，固定資産または固定負債として表示することができる。

3　損益計算書原則

(1)　損益計算書原則

損益計算書原則とは，損益計算書を作成する場合準拠すべき原則で，損益計算書の本質・区分について規定した計算原則と表示原則または報告原則からなる。これについて企業会計原則では，次の諸原則を定めている。

図表3－13　損益計算書原則

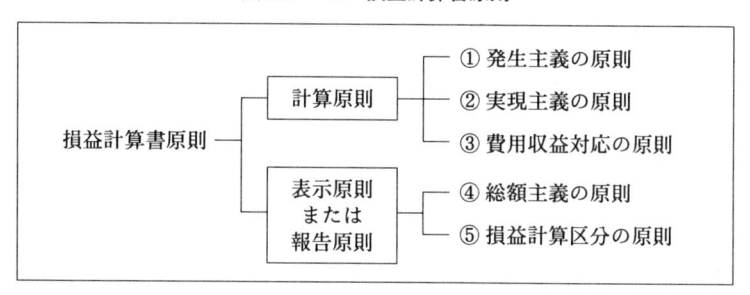

a．発生主義の原則（企原則第2.1.A）

　この原則は，収益および費用の計上時点を現金収支の有無にかかわりなく，それらの発生の事実にもとづいて判断することを要求する原則であり，収益，費用の認識全般にかかわる基本原則として位置づけられている。

b．実現主義の原則（企原則第2.3.B）

　この原則は，ある期間に実現した収益がその期間の損益計算上の損益として計上されるべきとする収益の認識に関する基本原理であり，発生主義の原則に対しては収益の認識に関して制約する関係にあるとみられている。

　たとえば売上高は，「実現主義の原則に従い商品の販売または役務の給付によって実現したものにかぎる」と規定されている。つまり，収益の認識は，財貨または用役を販売した時点で行うという考えで販売基準とも呼ばれる。したがって未販売の商品・製品の評価益ないしは社内間の取引によって発生した内部振替利益などは未実現利益として収益の計上は認められない。〔注解6〕

c．費用収益対応の原則（企原則第2.1.C）

　費用収益対応の原則は，収益と費用の対応関係を重視して期間損益計算を行う基本的な思想である。つまり，一会計期間に属するすべての収益とこれに対応するすべての費用を記載して，その結果として当期純利益を算出し，企業の経営成績を明らかにしようとするものである。そのため費用および収益は，発生源泉に従って明瞭に分類し，各収益項目とそれに関連する費用項目とを損益計算書に対応表示しなければならない。なお，当期における収益と費用との対

応関係を示せば次のとおりである。

   i   売上高と売上原価……個別的・直接的対応

   ii 売上高と販売費・一般管理費……期間的・間接的対応

  iii 売上高と営業外費用……対応関係はない

　なお費用収益対応の原則は，会計処理方法と表示方法に適用され，費用分配の原則と表裏一体の関係にある。

　● 収益の認識と測定

　収益の認識とは，計上すべき収益がいつに帰属する収益かを決定することであり，測定とは，収益がいくらであるかを金額的に決定することをいう。収益の認識基準には，実現主義の原則，現金主義の原則および発生主義の原則の3つがある。

ａ．実現主義の原則

　売上高は「実現主義の原則に従い，商品の販売又は役務の給付によって実現したものに限る」（損益計算書3．B）。つまり，収益は，財貨の販売または役務の提供した時点で認識しようとする考えで，販売基準とも呼ばれる。したがって，所有資産の含み益，同一企業間の振替取引による内部利益などは未実現利益として収益の計上は認められない。実現主義の具体的適用基準としては，販売基準・工事完成基準とがある。

ｂ．現金主義の原則

　現金の入金の事実にもとづいて収益を認識する考え方をいい，この原則を具体的に適用した基準としては，割賦販売などで用いられる回収基準がある。

ｃ．発生主義の原則

　収益の認識を発生の事実にもとづいて行うという考え方をいう。具体的な適用基準としては，工事進行基準，生産基準，収穫基準，時間基準がある。

　収益の認識基準について図示すれば図表3−14のとおりである。

図表3-14　収益の認識基準

		認 識 基 準	基 準 の 内 容	適 用 例
原則	実現主義	販 売 基 準	財貨または役務の販売時点で収益を計上	通常の販売形態
		工事完成基準	工事が完成し，その引渡しが完了した日に工事収益を計上	長 期 請 負 工 事
例外	現金主義	回 収 基 準	販売の対価を現金で回収した時点で収益を計上	割 賦 販 売
	発生主義	工事進行基準	工事の進行過程を見積り適正な工事収益率によって工事収益の一部を計上	長 期 請 負 工 事
		生 産 基 準	生産の完了時点で収益を計上	鉱 物 の 採 掘
		収 穫 基 準	生産の完了時点で収益を計上	農 産 物
		時 間 基 準	役務の提供中に収益を計上	受 取 収 益

(2)　損益計算書の様式

　財務諸表を作成するにあたって，各種の利害関係者に企業に関する状況判断を誤らせてはならないという配慮から，その表示に対しても明瞭性を重視している。

　損益計算書の表示様式としては，勘定式と報告式の2つがある。それらの様式を示せば，次のとおりである。

図表3-15　勘定式および報告式・損益計算書

勘定式損益計算書				報告式損益計算書		
費　用		収　益		売 上 高		××
売 上 原 価	××	売 上 高	××	売 上 原 価	××	
広告宣伝費	××			広告宣伝費	××	××
純 利 益	××			純 利 益		××
	××		××			

　勘定式の損益計算書は，総収益と総費用とを発生源泉別に左右対称に表示し，

その差額として純損益を計算する。この様式は，企業の損益の状況を全体的に把握するのには便利であるが，複式簿記の知識のない場合には理解が難しいといえる。

　それに対し，報告式の損益計算書はタテ算形式で，段階的に純損益計算ができることから一般に理解しやすく，わが国の財務諸表等規則取扱要領でも報告式が採用されている。企業会計原則および会社法施行規則にもとづく報告式損益計算書を例示すれば，図表3－16のとおりである。

図表3－16　損益計算書の様式

報告式損益計算書（企業会計原則に準拠）	報告式損益計算書（会社法に準拠）
〔営業損益計算〕	〔経常損益の部〕
Ⅰ．売　上　高	〈営業損益の部〉
Ⅱ．売　上　原　価	Ⅰ．営　業　収　益
売　上　総　利　益	（－）Ⅱ．営　業　費　用
Ⅲ．販売費および一般管理費	営　業　利　益
営　業　利　益	〈営業外損益の部〉
〔計上損益計算〕	（＋）Ⅲ．営　業　外　収　益
（＋）Ⅳ．営　業　外　収　益	（－）Ⅳ．営　業　外　費　用
（－）Ⅴ．営　業　外　費　用	経　常　利　益
経　常　利　益	〔特別損益の部〕
〔純損益計算〕	Ⅴ．特　別　利　益
（＋）Ⅵ．特　別　利　益	〔純損益計算〕
（－）Ⅶ．特　別　損　失	Ⅵ．特　別　損　失
税引前当期純利益	税引前当期純利益
（－）法人税・住民税等	（－）法人税・住民税等
当　期　純　利　益	当　期　利　益
（＋）前期繰越利益	（＋）前期繰越利益
（＋）積立金目的取崩額	（＋）積立金目的取崩額
（－）中　間　配　当　金	（－）中　間　配　当　金
（－）利益準備金積立額	（－）利益準備金積立額
当期未処分利益	当期未処分利益

⑶ 損益計算書のしくみと内容

損益計算書は，明瞭性の原則にもとづき，営業損益計算区分，経常損益計算区分および純損益計算区分の３つに区分され，収益・費用は源泉別に対応表示されている。このように，損益計算が区分されている損益計算書を区分損益計算書という。企業会計原則では，損益計算を次の順序で段階的に行う。

　i　営業損益計算

まず，売上高からそれに対応する商・製品売上原価を控除して，売上総利益を計算する。売上総利益は，俗に粗（荒）利益，あるいはマージンなどと呼ばれている。

売上総利益から販売活動および本社部門の業務管理活動に費やした販売費および一般管理費（「営業費」ともいう）をさらに控除して，営業利益を計算する。営業利益は，主たる経営活動の成果としての収益力を示している。

　ii　経常損益計算

営業利益に，主に，財務活動（すなわち「金融活動」）によって生じた営業外収益と営業外費用とを加減して，経常利益を計算する。経常利益は，企業の一定期間における業績利益を示したもので，収益力をみる場合，もっとも重要な利益概念とされている。

　iii　純損益計算

経常利益に，臨時的かつ過年度損益項目で期間外損益とされる特別利益・特別損失を加減して，税引前当期純利益を計算する。税引前当期純利益から法人税・住民税を控除して，企業のすべての活動の成果を示した（税引後）当期純利益を計算する。（税引後）当期純利益に前期繰越利益・積立金目的取崩額を加算し，中間配当・利益準備金積立額を減算して，当期未処分利益を計算する。

当期未処分利益は，ある一定時点の利益であるとともに企業における最終利益を表しており，商法上の処分可能利益をも意味することから，株主・投資家などが企業の投資価値を判断する場合に重視される概念である。

4 貸借対照表原則

(1) 貸借対照表原則

貸借対照表原則とは，貸借対照表を作成する場合準拠すべき原則で，企業の財政状態を表示するための原則と，資産，負債について評価する原則からなる。これについて，企業会計原則では次の諸原則を定めている。

図表 3 −17 貸借対照表原則

```
                      ┌─ ① 総額主義の原則
              ┌ 財政状態 ├─ ② 区分表示の原則
              │  の      ├─ ③ 配列の原則
貸借対照表原則 ─┤ 表示原則 └─ ④ 分類の原則
              │
              └ 評価原則 ┬─ ⑤ 取得原価主義の原則
                         └─ ⑥ 費用配分の原則
```

ａ．総額主義の原則（企原則第3．1．B）

貸借対照表に記載される資産・負債および純資産は総額で表示し，資産の項目と負債または純資産の項目とを相殺表示することによってその全部または一部を貸借対照表から除去してはならないとする原則。

ｂ．区分表示の原則（企原則第3．2）

貸借対照表をまず資産の部，負債の部，純資産の部の３つに区分し，さらに資産の部を流動資産，固定資産，繰延資産に，負債の部を流動負債，固定負債に，純資産の部は資本金，剰余金に区別しなければならないとする原則。

ｃ．配列の原則（企原則第3．3）

資産および負債の項目の配列方法には，流動性配列法と固定性配列法の２つがあるが，原則は流動性配列法（流動性の高い項目の順に配列）にするとする原則。

ｄ．分類の原則（企原則第3．4）

貸借対照表に記載する資産・負債・純資産の各科目は，一定の基準（正常営業循環基準，一年基準）によって明瞭に分類しなければならない原則。

e．取得原価主義の原則（企原則第3．5）

　企業会計原則では，「貸借対照表に記載する資産の価額は，原則として当該資産の取得原価を基礎として計上しなければならない。」と述べているように，資産の評価は原則として取得原価で行う。ただし時価が取得原価より著しく下落したときは，回復する見込みがあると認められる場合を除き，時価をもって貸借対照表価額としなければならない〔注解9〕〔注解10〕〔注解21〕。

f．費用分配の原則（企原則第3．5）

　費用分配の原則は，費用性資産（棚卸資産・減価償却資産）を消費または販売の事実発生に応じ費用として配分（割り当て）することを要求する基本的思想であり，適正な期間損益計算において必要不可欠なものである。

　費用配分の原則は，期間費用を決定すると同時に貸借対照表価額を決定する基本的な思想であるから，費用収益対応の原則と有機的な関係にあるといえる。費用配分の原則は，各資産の種類に応じて次のように適用される。

　㈠棚　卸　資　産……個別的な数量基準により配分する。

　㈡有形固定資産……部分的な期間基準により配分する。すなわち償却する。

　㈢繰　延　資　産……㈡に準ずる。

　費用配分の原則を各資産に適用した場合を図示すれば，図表3－18のとおりである。

図表3－18　費用配分の原則

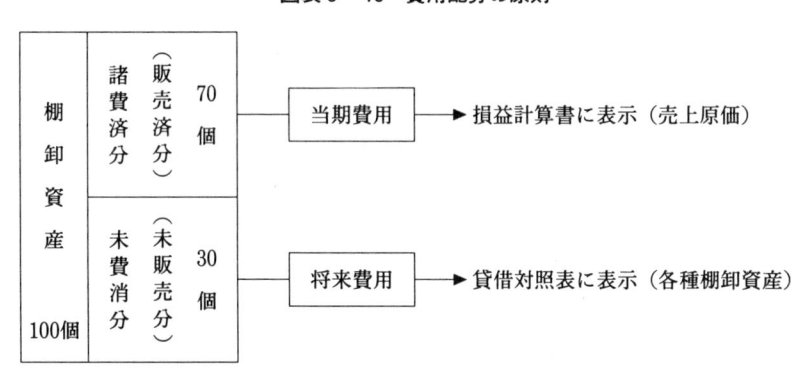

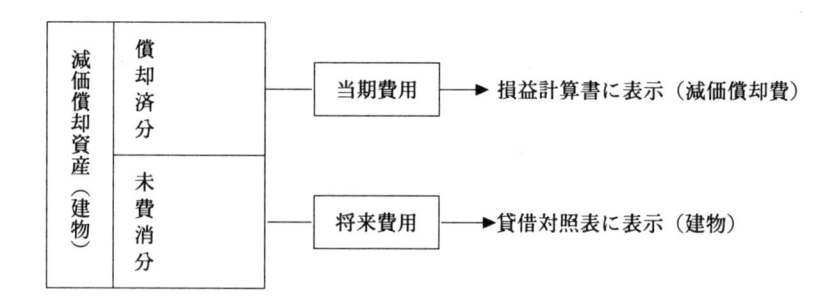

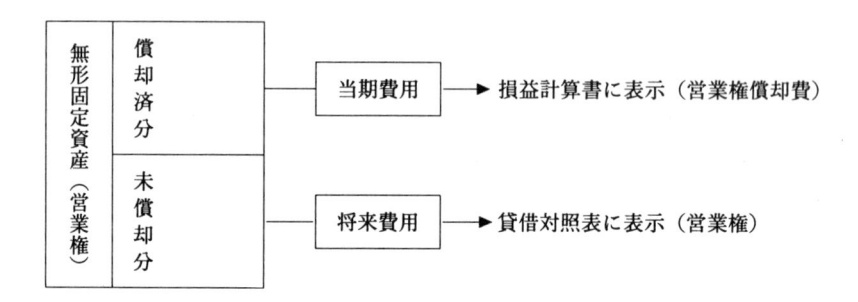

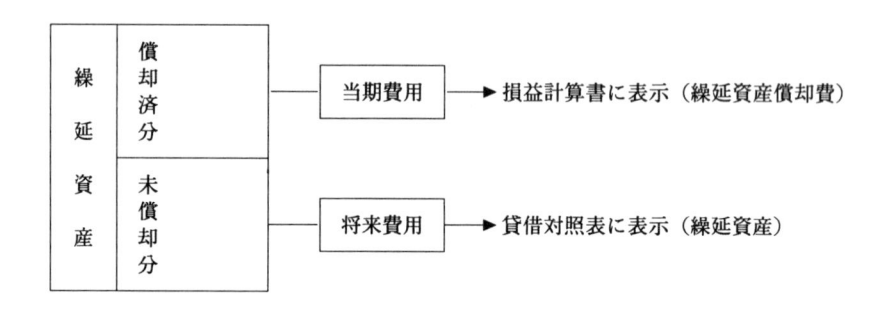

(2) 貸借対照表の様式

　貸借対照表の様式は，損益計算書の場合と同様，勘定式と報告式の2つがある。勘定式貸借対照表とは，借方に資産，貸方に負債および純資産という具合に左右対称に表示する様式をいう。この様式は，企業の財産の状況を全体的に

把握するには便利であるが，その理解には複式簿記の知識を要する。

　これに対し，報告式貸借対照表とは，資産・負債・純資産をタテ算形式で段階的に表示する様式をいう。

　これらの様式を示せば，図表3－19のとおりである。

図表3－19　勘定式および報告式・貸借対照表

勘定式貸借対照表		報告式貸借対照表
Ⅰ. 資　産の部	Ⅱ. 負　債の部	Ⅰ. 資　産の部
	Ⅲ. 純資産の部	Ⅱ. 負　債の部
		Ⅲ. 純資産の部

　次に，財務諸表等規則による報告式と勘定式の貸借対照表を示す。企業会計原則では，表示様式については特に規定はないが，財務諸表規則6条に準拠して報告式貸借対照表（図表3－20）が作成されるのが一般的である。しかし，貸借対照表の内容をより理解するために，勘定式貸借対照表（図表3－21）を併せて示す。

82

図表 3 － 20　報告式貸借対照表

貸 借 対 照 表

令和○年○月○日現在

資 産 の 部				負 債 の 部		
I 流動資産				I 流動負債		
現金預金		××		支払手形		××
受取手形	××			買掛金		××
売掛金	××			借入金		××
貸倒引当金	××	××		前受金		××
有価証券		××		未払費用		××
商品及び製品		××		修繕引当金		××
仕掛品		××		賞与引当金		××
原材料及び貯蔵品		××		流動負債合計		××
前払費用		××		II 固定負債		
未収収益		××		社債		××
繰延税金資産		××		長期借入金		××
流動資産合計			××	退職給付引当金		××
II 固定資産				固定負債合計		××
(1) 有形固定資産				負債の部合計		××
建物		××				
減価償却累計額	××	××		純資産の部		
機械装置		××		I 株主資本		
減価償却累計額	××	××		資本金		××
土地		××		資本剰余金		
有形固定資産合計		××		資本準備金		××
(2) 無形固定資産				その他資本剰余金		××
特許権		××		資本剰余金合計		××
ソフトウェア		××		利益剰余金		
無形固定資産合計		××		利益準備金		××
(3) 投資その他の資産				その他利益剰余金		
投資有価証券		××		○○積立金		××
関係会社株式		××		繰越利益剰余金		××
投資その他の資産合計		××		利益剰余金合計		××
固定資産合計			××	自己株式		××
III 繰延資産				株主資本合計		××
創立費		××		II 評価・換算差額等		
開業費		××		その他有価証券評価差額金		××
新株発行費		××		繰延ヘッジ損益		××
社債発行費		××		評価・換算差額等合計		××
試験研究費		××		III 新株予約権		××
繰延資産合計			××	純資産合計		××
資産の部合計			××	負債・純資産の部合計		××

図表 3 − 21　勘定式貸借対照表

貸 借 対 照 表
令和○年○月○日現在

借方 / 貸方

資産の使途・運用状況	資産の部			負債の部			純資産の部				債権者持分 / 労働者持分 / 株主持分

借方（資産の部）

区分	小区分	科目
流動資産	当座資産	現金預金／受取手形／売掛金／有価証券
流動資産	棚卸資産	商品／製品／原材料／仕掛品
流動資産	その他の流動資産	前払費用／未収収益
固定資産	有形固定資産	建物／機械装置／土地
固定資産	無形固定資産	特許権／ソフトウェア
固定資産	投資その他の資産	投資有価証券／関係会社株式
繰延資産		創立費／開業費／新株発行費／社債発行費／社債発行差金／開発費／試験研究費／建設利息

貸方（負債の部・純資産の部）

区分	小区分	科目
流動負債	買掛債務	支払手形／買掛金
流動負債	短期借入債務	借入金
流動負債	その他の債務	前受金／未払費用／預り金
流動負債	引当金	修繕引当金／賞与引当金
固定負債	長期借入債務	社債／長期借入金
固定負債	引当金	退職給付引当金
株主資本		資本金
株主資本	資本剰余金	資本準備金／その他資本剰余金
株主資本	利益剰余金	利益準備金／その他利益剰余金（任意積立金／繰越利益剰余金）／自己資本
評価・換算差額等		その他有価証券評価差額金／繰延ヘッジ損益
新株予約権		

右側縦書きラベル：債権者持分／労働者持分／株主持分

バランス関係
＝
財政状態

(3) **貸借対照表のしくみと内容**

貸借対照表は，資産の部，負債の部および純資産の部に3区分される。先にも述べたとおり，資産とは，企業の経営活動に必要な元手（資本）を運用した結果として獲得した経済価値であり，具体的には財貨や債権の総称であった。

資産の部は，さらに流動資産，固定資産および繰延資産に細区分される。

流動資産とは，1年以内に現金化あるいは費用化される資産である。これには，すぐに現金化が可能な当座資産，販売目的あるいは製造目的で所有している棚卸資産，およびこれらに属さないその他の流動資産とがある。

固定資産とは，営業活動に長期間使用されるか，あるいは投資目的で所有している資産のことで，これには建物などのように具体的な形を有する有形固定資産，特許権，営業権などのように具体的な形をもたない無形固定資産，投資目的で所有している投資資産および，それらに属さないその他の資産がある。

繰延資産とは，本来は費用であるが，期間損益計算を適正に行うためにその支出額が一時的に繰延べられた会計学上の資産で，将来，支出の効果が期待できるものをいう。したがって，支出効果が時期以降におよぶ場合には，支出した期間だけに費用を負担させるのではなく，合理的な配分が必要とされる。

負債とは，将来支払いや返済をしなければならない一切の義務あるいは引当金のことをいう。負債の部は，さらに流動負債，固定負債に細分される。

流動負債とは，1年以内に支払いや返済期限の到来する短期的な債務である。これには，主たる営業活動によって生じた買掛（仕入）債務，金融機関などの第三者からの借入債務，未払費用・前受金，預り金等のその他の債務，および賞与引当金・修繕引当金のように短期間のうちに使用される見込みのある引当金などがある。

固定負債とは，1年を超えて支払いや返済期限の到来する長期債務のことで，社債・長期借入金などの長期借入債務と負債性引当金とがある。なお，企業会計原則は，負債性引当金をすべて負債として扱っているが，商法施行規則では，法的債務性を有する賞与引当金・退職給付引当金などの引当金については本来の負債として扱っているが，法的債務性を有さない修繕引当金・損害賠償引当

金などの引当金は，会社法上の引当金として取り扱っている。また，電気事業法による渇水準備金，保険業法による保険責任準備金などのように，特定の事業法その他の法令で負債の部に計上することが義務づけられている各種引当金，または準備金については，企業会計原則では特に規定は設けていないが，商法施行規則では，流動負債・固定負債の部に記載するのが適当でない場合には，引当金の部を新たに設定し，そこに記載しなければならないと規定している。

　純資産とは，出資者（株主）からの払込額および払込資本を元手として運用して獲得した成果である内部留保額の合計のことである。

　純資産の部の区分・表示は，会社法施行規則と企業会計原則とでは異なっている。要するに，会社法施行原則が法的拘束性の観点から資本を区分しているのに対して，企業会計原則では，資金調達源泉別に区分・表示している。会社法施行原則と企業会計原則による資本の区分の違いは図表 3 −22に示したとおりである。なお，財務諸表等規則による資本の区分・表示方法は図表 3 −20および 3 −21に記載されているのを参照してほしい。ここでは，企業会計原則に準拠して，純資産の部を資本金と剰余金とに大別して説明する。

　i　資本金

　株式会社における資本金とは，出資者（株主）からの払込出資額のことを意味し，資本は商法によって規定されている。株式の発行形態は，設立発行と増資発行とがあるが，株式を発行した場合，発行価格の総額を原則として資本に組み入れられる。

　ii　資本準備金

　資本取引によって生じた資本剰余金のことをいい，企業会計原則「第三．四．㈢．B」では，株式払込剰余金，減資差益，合併差益の 3 つをあげている。

　●株式払込剰余金

　株式の発行価格のうち，資本金に組み入れられなかった部分をいう。商法では，株式の発行価額の総額を，原則として資本金に組み入れることになっているが，発行価額の 2 分の 1 を限度として資本金に組み入れないことも認めている。つまり，発行価額の 2 分の 1 を株式払込剰余金とすることができる。

●減資差益

資本金を減少させる手続きを減資という。これは，減資に際して資本金の減少額が株式の消却，または資本金の払い戻しおよび欠損金のてん補に要した金額を超える場合，その超過額をいう。

●合併差益

合併によって受け入れた非合併会社（削減会社）の純財産額が非合併会社の旧株主に対する交付金を超える場合，その超過額をいう。

iii　利益準備金

会社法によって積立が強制されている準備金をいう。株式会社は資本準備金の金額と併せて，資本金の4分の1に達するまで毎決算期に利益処分として支出する金額の10分の1以上および中間配当額の10分の1を利益準備金として積み立てなければならない。なお，利益準備金は資本準備金と合わせて，法定準備金という。この法定準備金は株主総会の決議によって，欠損額のてん補や資本の組み入れのために取り崩すことができる。また，法定準備金の合計額が資本金の4分の1を超えている場合は，その超過額を限度として取り崩して，配当可能利益に充当することができる。

iv　その他の剰余金

資本金，資本準備金，利益準備金以外の剰余金をいう。これには，任意積立金，当期未処分利益，その他の資本剰余金がある。

●任意積立金

株主総会の決議などによって任意に積立てられた利益剰余金をいう。これには，積立目的が特定されてはいるが，企業の財務政策によって積立てられる別途積立金がある。

●当期未処分利益

当期未処分利益は，株主総会における利益処分計画案の対象となる金額で当期純利益に前期繰越利益の合計額として算出され，貸借対照表に表示される株主総会の承認決議を得て，当期未処分利益の処分が正式に確定する。

●その他の資本剰余金

　株主総会の承認決議により積み立てられた資本剰余金のことをいう。この剰余金には，資本助成を目的とした国庫補助金，工事負担金や資本のてん補を目的とした贈与剰余金，債務免除益，あるいは保険差益などがある。

図表 3 − 22　会社法と企業会計原則による資本の区分

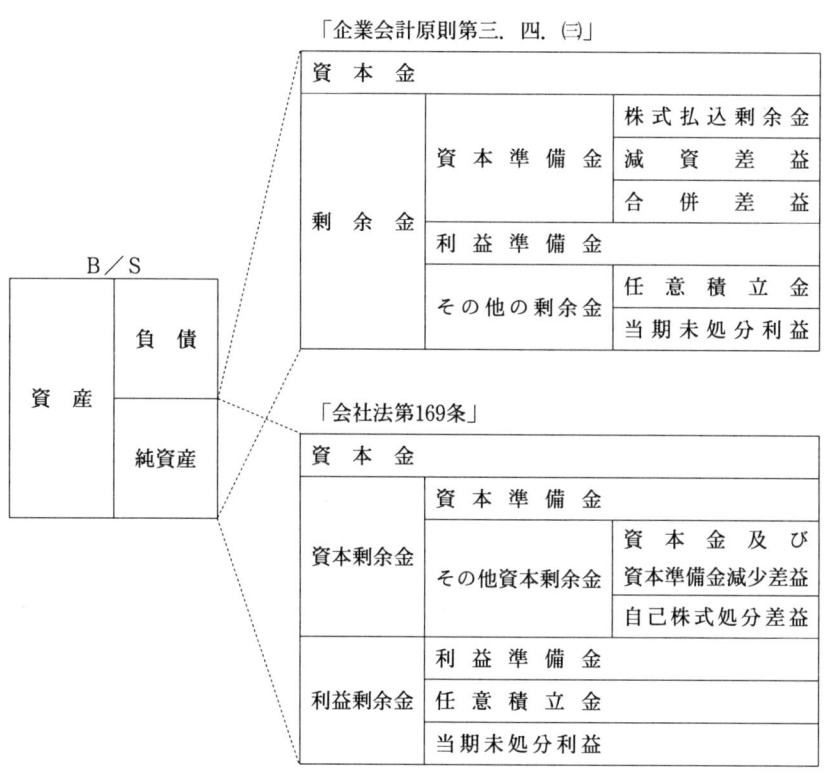

第4章　原価計算

第1節　原価計算の意義と目的

1　原価計算の意義

　企業は，各種の財貨を製造・販売または用役（サービス）を提供することによって利益の確保を図り，存続・発展を遂げている。たとえば製造企業は，財貨を製造し，販売することにより利益を確保する。この目的達成のために消費されたまたは消費されるであろう財貨・労働・用役の経済価値額を原価（cost）という。

　製品の製造原価を，目的別・部門別・製品別に分類・集計・計算し，財務諸表作成目的・経営管理目的および棚卸資産の評価など種々の目的のために原価情報の提供を行う会計技術および手続を原価計算（cost accounting）という。たとえば，自動車工場の例で説明すれば次のことがいえる。自動車メーカーは，自動車を製造するために鋼材・タイヤ・ハンドルなどの諸材料，組立工や検査工などの直接・間接労務費および電気・水道・ガス・減価償却費などの諸経費が発生する原価計算とは，自動車という製品を製造するのに単位あたり原価がどのくらいかかったか，あるいはかかるであろうかを計算することをいうのである。

2　原価計算の目的

　昭和37年に制定された原価計算基準では，原価計算の主たる目的について次の5つをあげている。
　①財務諸表作成目的
　②価格計算目的
　③原価管理目的

④予算編成ならびに予算統制目的

⑤経営の基本計画設定目的

以下①〜③について概略を述べることにする

(1)　財務諸表作成目的

　同基準は,「企業の出資者,　債権者経営者等のために,　過去の一定期間における損益ならびに期末における財政状態を財務諸表に表示するために必要な真実の原価を集計」すべきことを規定している。

　これによれば,　財務会計と原価計算との間には有機的な結合関係がみられ,損益計算書・貸借対照表の作成には,　原価計算により算定された真実の原価の集計が必要とされている。たとえば損益計算書に記載される製品売上原価,　または貸借対照表に記載される棚卸資産（製品・半製品・仕掛品・貯蔵品など）の価額の決定ないしは,　減価償却資産（建物・機械・設備・車両運搬具といった有形固定資産）の期間発生額の決定のための費用化計算などは,　いずれも原価計算手続にもとづいて行われる。

　財務会計と原価計算との関係について原価配分の図表を用いて説明すれば図表 4 - 1 のようになる。

図表 4 - 1　原価配分

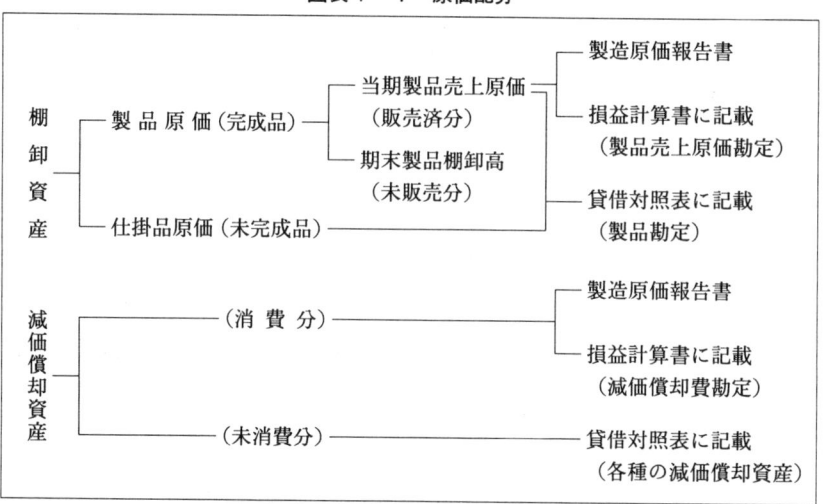

(2) 価格計算目的

同基準では,「価格計算に必要な原価資料を提供すること」を規定しているが,価格計算は,おおむね国家や地方自治体など官公庁が物品などの販売価格を決定するために行われる原価計算とされている。

販売価格(売価)の決定は,ふつう製造原価に販売費および一般管理費を加算した総原価に一定の営業利益を加算して計算される。なお,企業を維持存続させるためには,販売価格は実費すなわち総原価をつねに上回ることが大切である。

(3) 原価管理目的

同基準は,「経営管理者の各階層に対して,原価管理に必要な原価資料を提供すること」,さらには原価管理について「原価管理とは,原価の標準を設定して,これを指示し,原価の実際の発生額を計算・記録し,これを標準と比較して,その差異の原因を分析し,これに関する資料を経営管理者に報告し,原価能率を増進する措置を講ずることをいう」と述べている。

原価計算基準でいう原価管理(cost control)とは,狭義の原価管理であって,機能的には,原価統制に重点が置かれている。したがって,ここでは標準原価計算を前提としているが,今日では,直接原価計算,IE(作業研究),VE(価値工学)など各種の工学的手法を用いた原価管理も積極的に行われている。

第2節　原価要素の分類

原価を発生形態別に分類すると,材料費,労務費,経費の3つの原価要素に分けられる。これらを原価の3要素という。

1　原価の発生形態別分類-材料費,労務費,経費

① 材料費……製品の製造に要した材料の消費高のことで,これを原価費目別に分類すると,a素材費(または原材料),b買入部品費,c燃料費,d工場消耗品費,e消耗工具器具備品費などに分けられる。

機能別には，主要材料費（素材費・買入部品費）と補助材料費（燃料費・修繕材料費・試験研究材料費・工場消耗品費・消耗工具器具備品費）に分けられる。

なお，cの燃料費は，あくまで材料としての燃料であることに注意しないとガス代などの水道光熱費勘定の経費と混同してしまうおそれがある。

② 労務費……製品の製造に要した労働力の対価のことで，これには賃金（直接工に対する給与），給料（工場長・事務職などに対する給与），雑給（臨時工・アルバイトなどに対する臨時給与），福利費，退職給与引当金繰入額などがある。

③ 経　費……材料費・労務費以外の原価要素をいう。経費に属するものは，外注加工費，減価償却費，不動産賃貸料，修繕費，水道光熱費，旅費交通費などがある。経費はまた，製品別計算によれば直接経費と間接経費とに分けられる。

直接経費とは，特定の製品の製造のために特定の製造指図書を通して，直接的に発生が認識できる外注加工費，特許権使用料などの諸経費をいう。

間接経費とは，複数の製品の製造に対して間接的・共通的に発生する厚生費，保険料，修繕費，水道光熱費などの諸経費をいう。

経費はさらに月割経費，測定経費，支払経費，発生経費の4つに分けられる。

月割経費とは，不動産賃貸料，減価償却費，保険料，特許権使用料，租税公課などのように予定計算にもとづきその消費額が各原価計算期間にわたって月割に分割される経費をいう。

測定経費とは，原価計算日（ふつう毎月末）に計量器具によってその実際消費量を測定できる電力量，ガス代，水道料などの経費をいう。

支払経費とは，毎月の支払高をその月の消費額として計算する経費をいう。これには修繕料，旅費交通費，通信費，設計費，外注加工費などがある。

発生経費とは，その月の実際発生額を，その月の消費額とするもので，材料の棚卸減耗費があるが，毎月末に実地棚卸を行うのは，はん雑なので，発生高を見積り月割とする場合が多い。

2 製品との関連による分類－製造直接費，製造間接費

原価を製品との関連で分類すると，製造直接費と製造間接費とに分けられる。

① 製造直接費……原価の発生が製品との関係で直接的に認識できるものをいい，これには直接材料費（製品の主要な材料となる素材，買入部品など），直接労務費（その作業に直接従事した工員の賃金など），直接経費（外注加工費，特許権使用料など）がある。たとえば自動車を１台製造するのに，材料費，労務費および経費がいくらかかっているか直接集計できる原価要素をいい，製造直接費の原価集計手続きのことを賦課（または直課）という。

② 製造間接費……原価の発生が製品との関係では，各種製品について，共通に発生する原価をいう。これには間接材料費，間接労務費，間接経費がある。

製造間接費は，特定の製品に対して直接的に原価の集計ができないため，まず全体的に製造間接費の発生額を集計し，その発生額は配布という計算手続きによって描く製品に割り当てられる。

原価は以上述べた製品製造原価のほか，製品の販売活動のために要した販売費や企業の管理活動を遂行するために要した一般管理費をも含めた総原価とがある。ただし，支払利息・割引料などの費用をはじめ，経営目的に関連のない費用および法人税，配当金などいわゆる非原価項目は総原価から控除される。

総原価＝製造原価＋販売費および一般管理費－非原価項目

以上をまとめて原価構成図として図示すれば，図表４－２のとおりである。

図表４－２　原価の構成図

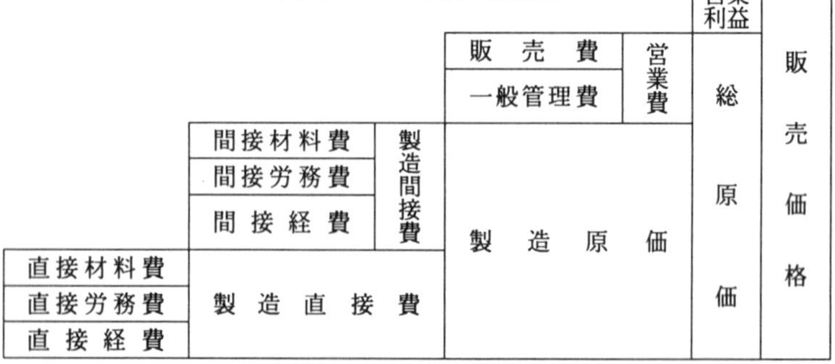

3 操業度との関連による分類－固定費，変動費，準固定費，準変動費

原価を操業度との関連で分類すると，固定費，変動費，準固定費および準変動費とに区分される。ここにいう操業度（operation capacity volume）とは，企業の所有する生産設備など諸能力の利用度合のことをいい，具体的には，生産量，直接作業時間数，機械運転時間数などによって測定される。

① 固定費（fixed cost）……生産量などの操業度が増減変化しても原価の発生はほぼ一定である原価要素をいう。これには，減価償却費，保険料，不動産賃貸料，租税公課などがある。

② 変動費（variable cost）……操業度に比例してその発生額が増減変化する原価要素をいう。これには，直接材料費，直接労務費，外注加工費などがある。なお，固定費，変動費に準じ，それらの合成された中間的な原価要素として監督者の給料などの準固定費（semi-fixed cost）と電力量，ガス代，水道料，燃料費などの準変動費（semi-variable cost）とがある。準固定費，準変動費は勘定科目精査法，スキャッター・グラフ法（散布図表法）などを用いて固定費と変動費に属する部分とにそれぞれ分解する必要がある。

第3節　原価計算の種類

原価計算は，さまざまな観点から次のように分類することができる。

1 生産形態の相違にもとづく分類

(1) 個別原価計算

顧客の要求にもとづき，種類，規格の異なる製品を個別的に製造する造船業，家具製造業，機械製造業などの受注生産形態に適用される原価計算方式をいう。個別原価計算では，特定の製品ごとに製造指図書（特定製造指図書という）が発行され，生産現場では，それに従って製品の製造が行われるとともに，製造直接費（直接材料費，直接労務費，直接経費）および製造間接費が製造指図書ごとに原価集計され，製品の製造が行われる。つまり製造指図書とは，特定の製品を

製造している生産現場に対して製造数量，納期を指示した命令書のことをいう。

(2) 総合原価計算

　あらかじめ市場の需要を見込んで，同種または異種製品を連続・反復して大量に製造する食品業，製紙業，製糸業，製粉業，セメント業，石油精製業および家電製造業などの生産形態に適用される原価計算方式をいう。総合原価計算では，継続製造指図書が発行され，これにもとづいて製品の製造が行われる。その場合，一定期間（原価計算期間はふつう1カ月）における製品の製造に要したすべての原価要素を集計して製造原価を求め，これをその期間における完成品数量で割って，製品1単位あたりの製造原価を計算する。

2　原価集計範囲の相違にもとづく分類

(1) 全部原価計算

　全部原価計算（full costing）とは，製品の製造のために消費されたすべての製造原価要素を製品原価に算入して行う原価計算方式をいう。

　個別原価計算や総合原価計算はその典型とされる。

(2) 部分原価計算

　部分原価計算（partial costing）とは，製品の製造のために消費されたまたは消費されるであろう製造原価要素のうち，一部の原価要素すなわち変動費のみを製品製造原価（直接原価）に算入し，固定費は期間原価として処理し，製品原価に算入しない方式の原価計算をいう。なお，この場合の期間原価とは，減価償却費，不動産賃借料などのように，操業度の増減変化に影響されずに一定期間における発生額を当期の収益に直接対応させて把握した原価をいう。

　部分原価計算の典型的な例としては，直接原価計算がある。

　　　　　製品原価 ⟷ 期間原価

3　計算目的の相違にもとづく分類

(1) 実際原価計算

　実際原価計算（actual costing）とは，製品原価の計算を実際原価を用いて行

う原価計算方式をいう。実際原価は，材料，労働，用役などの実際消費量に実際消費価格または予定消費価格の積として計算される。実際原価計算は，主に財務諸表の作成および価格計算に必要な原価資料を提供するために行われる。

(2)　標準原価計算

標準原価計算（standard costing）とは，「科学的・統計的手法」を用いて設定され，原価標準をもとに計算された標準原価と，実際に発生した実際原価とを比較し，原価の差異額を計算して，原価の能率性を検討するための方法をいう。この方法は主として，原価管理に有効とされている。

第4節　原価計算の手続き

製品原価計算は，過去において発生した，あるいは将来発生すると思われる製品1単位あたりの消費額を計算するため，原価の費目別計算（第1次計算段階），部門別計算（第2次計算段階），製品別計算（第3次計算段階）の3つの計算段階を経て行われる。

1　原価の費目別計算（原価の第1次計算段階）

原価の費目別計算は，原価要素別計算ともいわれ，まず原価を発生形態別に材料費，労務費，経費の3つの製造原価要素に分類する。次に，原価を製品との関連で直接費，間接費に区分し，費目別にその消費額を計算する。

(1)　材料費の計算

材料の消費高は，消費数量と消費価格（単価）との積として計算される。

> 材料の消費高（材料費）＝材料消費数量×消費価格（単位）

a．材料の消費量の計算

材料消費数量の計算方法としては，イ．継続記録法，ロ．棚卸計算法，ハ．逆計算法の3つの方法がある。

　継続記録法は，帳簿棚卸法，記録計算法あるいは恒久棚卸法ともいわれ，材料の種類ごとに材料の元帳を設け，その受入・払出しのつど継続的に記録・計算する。帳簿をみれば，受入数量，消費数量（払出数量），在庫数量が明らかであることから，原則的な方法として主に主要材料（素材，買入部品）の計算に用いられる。月末には，帳簿棚卸高と実地棚卸高を照合することによって，どれくらい棚卸減耗が生じているかをしることができる。

　棚卸計算法は，継続記録法に対する用語である。これは，材料の払い出しが行われてもそのつど記録は行わずに，決算に際して実地棚卸によって期末有高を算定し，これを期首繰越数量と当期受入数量との合計から差し引くことによって当期の消費数量を推定計算する方法をいう。

（期首繰越数量＋当期受入数量）－期末実地棚卸数量＝当期消費数量（推定）

　この方法では，棚卸減耗量が消費数量に含まれることから，消費数量は推定計算され，正確な棚卸減耗量がわからない。そのため貴金属類などの高価品には適さず，重要性の乏しい消耗品などの小物類に適した計算方法といえる。

　逆計算方法は，製品1単位に要する材料の標準消費数量をあらかじめ定めておき，これを製品の数量に乗じることにより，どれだけの材料が消費されたかを推定計算する。この方法は，継続記録法や棚卸計算法の補助的計算方法であり，これが適用される材料としては，製品の製造量に比例して消費される材料であることが条件とされる。

材料消費数量＝製品1単位あたり予定消費数量×製品製造数量

---

b．材料の消費価格（単価）の計算

　材料の消費価格の計算方法を大別すれば，原価法，予定価格法，時価法の3つがある。

　原価法は，材料の実際購入量×価格をもってその消費価格を計算する方法を

いう。ただし，同種類の材料で購入価額が異なる場合，その消費価格は先入先出法，移動平均法，総平均法，後入先出法，個別法の各種方法によって決定される。

　先入先出法は，先に購入した古い在庫のものから，先に払い出し，消費すると仮定して出庫材料の消費価格を決定する方法をいう。

　移動平均法は，異なった価格の材料を受け入れたつど，平均単価を計算し，これを払い出し時の消費単価あるいは在庫品の単価とする方法である。新しい材料を受け入れるつど平均単価を計算するため，計算に手数がかかる。また計算に端数が生じたとき，切り上げ，切り捨て等の理由による誤差を生じやすい。

　総平均法は，一会計期間を通して受け入れた材料に対して支払った金額の合計を，受け入れた材料の数量合計で除することにより，消費単価を計算する方法である。材料を払い出したときには数量の記録をするだけですみ，また計算も一回だけでよいので簡単であるが，期末にならなければ消費単価を計算できないので，材料費計算が遅くなるという欠点がある。

　後入先出法は，先入先出法とは逆に後に購入した新しい在庫のものから先に払い出して消費すると仮定して，出庫材料の消費価格を決定する方法をいう。

　個別法は，相互に代替性のない材料につき，一品ごとの個別購入原価をひも付で記録しておき，一品ごとの個別原価で出庫材料の消費価格を決定する方法をいう。

　先に説明した原価法で材料の消費価格を計算すると，実務上は次のような欠点が現れる。

　　i　実際の購入価格を基礎とするため，計算に手数がかかるうえに，期末を待たなければ材料の集計ができないため，原価計算が遅れる。

　　ii　実際の購入単価がたびたび変動するときは，同じ材料を用いて製品を製造した場合でも，その材料を購入したタイミングにより製造原価が異なってくる。

　これらの欠点を補う方法として，予定価格法による消費高の計算が行われる。予定価格法とは，あらかじめ将来の一定期間において予想される取得原価に，

実際の消費数量を乗ずることによって消費高を計算する方法である。

なお，時価法は，一定時点の時価を基準として出庫材料の消費価格を決定する方法であるが，制度会計上認められていない。

(2) 労務費の計算

労務費は，製品の製造活動に従事した労働者の労働サービス消費量を金額的に表現したものである。このうち賃金の占める割合がもっとも大きく，したがって労務費の計算における中心的な問題は，賃金の支払高ということになる。これは，労働サービス消費量と一定の消費賃率との積として計算される。

労務費（賃金）＝労働サービス消費量×消費賃率

---

a．労働サービス消費量

会社が労働者のどのような労働サービスにたいして価値を認めるかの違いにより，サービスの消費量は，作業時間，出来高数量のいずれかにより測定されることになる。

作業時間とは，製品の製造のために費やした時間であり，拘束した時間に受けた労働サービスに対して価値を認める場合に，これを消費量として取り扱う。出来高数量の把握は，出来高票に記録された作業の進捗状況によって行われる。

b．消費賃率

消費賃率とは，労働サービス1単位に対して支払われるべき単価をいう。したがって，労働サービスの消費量として作業時間を選んだか出来高数量を選んだかによって，消費賃率も当然に異なったものとなる。消費量として作業時間を選んだ場合には，1時間あたりの給料（時間給）が，出来高数量を選んだ場合には完成品1単位あたりの完成報酬（歩合）が消費賃率となる。また消費賃率は，実際個別賃率，実際平均賃率，予定平均賃率などに分類される。

実際個別賃率は従業員一人一人に実際に与えた個別の賃率をいう。これを支払賃金の計算に利用すると次のような欠点が生じる。従業員一人一人について賃金計算をしなければならないため，計算に手数がかかる。実際賃率は，従業

員によって異なるため，たとえ同じ製品の製造活動をしたとしても，賃率の高い従業員の製造した製品は，製造原価が高くなるという不合理を生じ，その結果，原価計算資料を経営管理に役立てることができなくなる。

実際平均賃率は，当期の職種別の支払賃金の総額を職種別の操作業時間で割ったものである。これにより，各従業員の賃率が平均化され，誰が計算したかにかかわらず，同じ製品の製造にかかる賃率は一定になるため，原価資料を経営管理に役立てることができる。しかし，この実際平均賃率を求めるには，期末を待たねばならず，計算が遅くなるという欠点がある。

予定平均賃率は，将来の一定期間に予想される職種別の予定賃金総額を職種別の予定総作業時間で割ったものである。これを用いることにより，主として計算の迅速化に役立てることができる。

⑶ 経費の計算

経費は，原則，当該原価計算期間の実際の発生額をもとに計算する。ただし，例外的に計算する場合として，次の②〜③がある。

①当月発生経費＝当月発生高

②当月支払経費＝当月支払高＋当月未払高－当月前払高

③当月月割経費＝総消費高÷当該消費月数

④当月測定経費＝料金単価×当月消費量

2 原価の部門別計算 （原価の第 2 次計算段階）

原価が材料費・労務費・経費の費目別に認識されたら，製造原価要素をさらに原価の発生場所，すなわち原価部門別に計算する。ここに原価部門とは原価を計算するための組織上の単価をさし，製品の製造を行うことを業務とする製造部門（機械加工部門，製鉄部門など）と補助部門（動力部門，検査部門，修繕部門，事務部門など）とがある。

なお，部門費計算を行うことにより，正確な製造原価を把握すると同時に，部門ごとに原価管理を行うことも可能となる。この部門別計算は主として，製造間接費について行われる。

3 原価の製品別計算 （原価の第3次計算段階）

製品別計算とは，発生場所に認識された原価要素を製品別または用役別に集計して，製品1単位あたりの原価を計算することをいい，財務諸表の作成や利益管理目的のために必要な原価資料を提供するために行われる。

第5節 財務諸表と製造原価報告書

1 製造原価報告書の意義

原価報告書の一種として製造原価報告書（Cost Report）がある。これは損益計算書に添付され，附属明細表の性格を有しており，損益計算上の売上原価を構成する当期製品製造原価の内訳明細を企業外部の利害関係者および企業内部の経営管理者に報告するために作成される。

製造原価報告書は，損益計算書に製造原価の明細として添付され，外部へ公表される。その様式については，財務諸表等規則・同取扱要領第167で規定されている。

2 製造原価報告書のしくみ

製造原価報告書は，当期に発生した総原価を材料費，労務費，経費の各原価要素に区分し，これらの合計額に期首仕掛品棚卸高を加え，これから期末仕掛品を控除して当期製品製造原価を表示する。

さらに詳述すれば，製造原価報告書は，まず当期総製造費用を算出する。これは，当期材料費，当期労務費，当期経費の合計額である。当期材料費とは，製品の製造のために当期に消費した材料の消費高のことで，期首材料棚卸高に当期材料仕入高を加えた合計額から期末材料棚卸高を控除して算出する。当期労務費とは，製品の製造のために当期に消費した労力に対する対価をいう。当期経費とは，当期材料費，当期労務費以外の原価要素をいう。

当期製造費用に，期首仕掛品棚卸高（前期末未完成品原価の意）を加え，合計額から期末仕掛品（当期末未完成品原価の意）を控除して，当期製品製造原価

（完成品原価の意）を表示する。

　その標準形式を示せば図表4－3のとおりである。

図表4－3　製造原価報告書（財務諸表規則による）

```
                    製造原価報告書
        自　平成×年4月1日　至　平成×年3月31日
    Ⅰ. 材　料　費
      1.  期首材料棚卸高          ×××
      2.  当期材料仕入高          ×××
              合　　　計          ×××
      3.  期末材料棚卸高          ×××
              当 期 材 料 費                    ×××
    Ⅱ. 労　務　費
      1.  賃　　　金              ×××
      2.  給　　　料              ×××
      3.  福利厚生費              ×××
              当 期 労 務 費                    ×××
    Ⅲ. 経　　　費
      1.  電　力　料              ×××
      2.  水道光熱費              ×××
      3.  運　　　賃              ×××
      4.  減価償却費              ×××
      5.  修　繕　費              ×××
                ⋮                   ⋮
          雑　　　費              ×××
              当 期 経 費                      ×××
              当期総製造費用                    ×××
              期首仕掛品棚卸高                  ×××
              合　　　計                        ×××
              期末仕掛品棚卸高                  ×××
              当期製品製造原価                  ×××
```

3 ・製造原価報告書と損益計算書，貸借対照表との関係

　以下に示す図表4－4「製造原価報告書と貸借対照表，損益計算書との関係」
をみると，次のことがいえる。

　損益計算書の内訳明細を示した製造原価報告書では，原価計算手続によって

計算された当期製品製造原価は，製品売上原価を計算するために決算期末には，損益計算書に振り替える。一方，製造原価報告書に集約された期末材料棚卸高，期末仕掛品原価は，貸借対照表の流動資産の部に各種棚卸資産として材料，仕掛品とそれぞれ表示される。原価計算手続によって作成される製造原価報告書は，損益計算書，貸借対照表と有機的な結合関係を有することによって信頼のおける財務諸表が作成される。

図表4－4　製造原価報告書と貸借対照表，損益計算書との関係

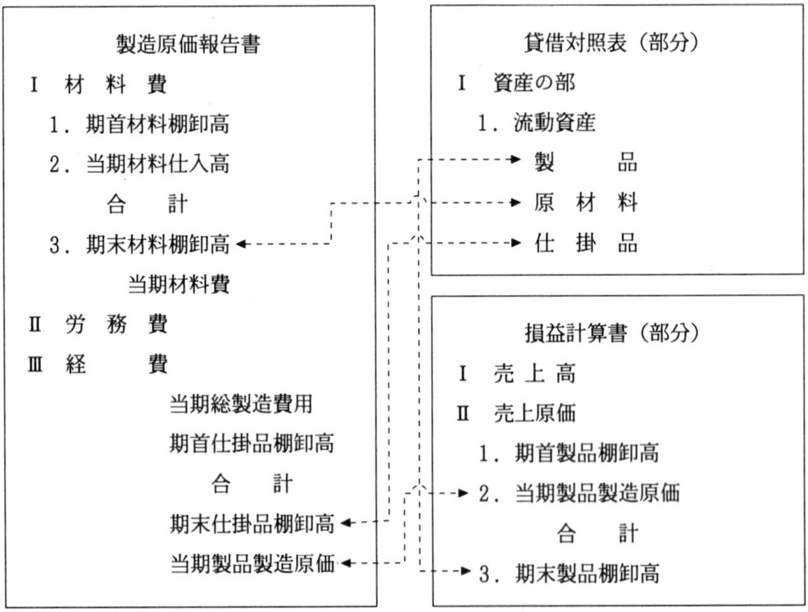

第6節　特殊原価調査

1　特殊原価調査の必要性

　経営管理者は，日常の経営管理活動の中で，経営上のさまざまな問題に直面する。たとえば，現有設備をそのまま継続して使用すべきか，それとも新規に

取替えるべきか，工場を新設すべきか否か，部品を外作すべきか内作すべきか
など，こうした種々の問題を解決するための手段として用いられる経営管理技
法の1つが特殊原価調査（special cost studies）である。

2　特殊原価調査の意義と特質

　わが国の原価計算基準では，伝統的な原価計算制度について，「財務会計機
構と有機的に結びつき，常時継続的に行われる計算体系である」と定義し，そ
のため「制度としての原価計算」と呼ばれている。これに対し特殊原価調査に
ついては，「財務会計機構のらち外において随時断片的に行われる原価の統計
的・技術的計算ないし調査」と定義している。つまり，原価計算制度は，複式
簿記機構と結びつくことによって財務諸表（貸借対照表・損益計算書など）を作
成することが主な目的であるのに対し，特殊原価調査は，必ずしも複式簿記機
構と結びつかず，経営管理者が個別的な問題（経営の基本計画の決定，予算編成
における選択的事項の決定など）の解決を図る場合に，随時・断片的に用いられ
る。山口年一教授は，著書（『特殊原価調査』日本経営出版会）の中で，特殊原
価調査と原価計算制度の特質について図表4−5のように説明している。

図表 4 - 5　特殊原価調査の特質

区　　　分	特 殊 原 価 調 査	原 価 計 算 制 度
1.　計 算 の 目 的	個別計画設定のための原価情報を提供する	財務諸表への数値の集計をする。原価計算 原価管理　のための原価資料 予算管理　を提供する
2.　会計機構との関連	会計機構外での調査・統計的計算である	会計機構と有機的関連をもつ
3.　計算の継続性	必要に応じて臨時的計算をする	常時継続的計算をする
4.　原価計算方法	定まった原価計算方式をとらない	一定の原価計算方式をとる
5.　原 価 の 性 質	各種の特殊原価概念を用いる	慣習的に認められた原価概念を用いる
6.　原 価 の 区 分	とくに未来原価・差額概念が中心となる	過去原価・歴史的原価が中心となる
7.　評 価 の 基 準	時価をとる	取得原価をとる
8.　計 算 の 期 間	未来計算	現在計算または短縮計算

3　特殊原価概念の種類

　企業において，個別的な経営上の問題を解決するために行われる特殊原価調査では，それを実施する場合，ふつう次のような特殊原価概念が用いられる。

(1)　付加原価（imputed cost）

　これは現金支出を伴わないことから財務会計上は認識されないが，特殊原価調査においては経済価値の犠牲額を測定できる原価をいう。たとえば，個人事業主に対する給料が実際には現金で支出されておらず，財務会計上の費用とならない場合でも，原価計算では給料の見積額が給料として含まれる。

(2)　取替原価（replacement cost）

　これは，再調達原価または再取得原価ともいわれ，すでに所有している資産を現在の市場価格に置き換えた場合の原価をいう。物価上昇の著しい時代においては，現行の取得原価主義だとインフレによって実質資本の維持が困難とな

る。そのため取得原価は，実質資本を維持できるか否かを検討する場合に用い
られる。

(3) 現金支出原価（outlay cost）

経営者の個別的問題に対する意思決定によって，現在もしくは将来において
現金の支出を伴う原価をいう。この原価は，付加原価のように実際に現金の支
出を伴わない原価とは対立する形で示される。

(4) 差別原価（differential cost）

経営計画や活動の変更の結果として生じる総原価の増減額をいう。この変更
は，ふつう操業度の増減を伴うため，差別原価は主に変動費の増減により表さ
れることとなる。すなわち，限界原価（marginal cost）と等しくなる。

(5) 機会原価（opportunity cost）

2つ以上の代替案があるときに，代替的な要素のうち，どれか1つの案を取
り上げた結果として，測定しうる原価をいう。したがって機会原価は，実際に
支出される原価ではなく，その実際の支出による犠牲額を測定することになる。
この測定は，代替案の評価における意思決定にとって有用である。

(6) 埋没原価（sunk cost）

ある計画を立てるときに，一定の状況ではなかったものと考えられる原価を
いう。これらの原価は，もうすでに支出されてしまっているが，ある意思決定
を行うことによって，そのすでに支出された原価を回収することができなくな
ることがある。その原価は，経常的な原価計算では，すでに原価に算入された，
あるいは算入されることになるが，代替案の選択に係わる意思決定にとっては，
考慮に入れる必要の内原価となる。つまり埋没原価は，無関連原価と回収不可
能原価の2つの意味を含んでいるといえる。

第5章　管理会計

第1節　管理会計の意義と内容

1　管理会計の意義

　管理会計（management accounting）は，企業の経営管理活動に効果的な資料を提供する目的で行われる会計である。すなわち，管理会計は，各階層の企業経営者が企業に関する意思決定と統制の必要に応じて任意に行うものであり，必要な情報を企業内部の利害関係者に報告する制度である。

　以上の管理会計に対して，財務会計（financial accounting）は，企業の外部利害関係者（株主，債権者，取引先，国家や地方公共団体，労働組合，地域社会など）に対し，「商法」などの法規や「企業会計原則」などの慣習法に準拠して，企業に対する判断を誤らせなくするために企業の財政状態と経営成績を記載した適正な財務諸表を公表することを主な目的として強制的に行われる会計である。

　管理会計の意義を述べるにあたりよく引用される1958年度のAAA（アメリカ会計学）の管理会計委員会による管理会計の定義は，以下のようになっている。

　「管理会計とは，企業の歴史的および計画的な経済データを処理するにあたって，これらの諸目的を達成するための，知的な意思決定を支援するために，適切な技術および概念を適用することである。」

　さらに，続けて管理会計の定義を補足している。

　「管理会計は，有効な計画設定のため，代替的な企業活動の選択のため，企業の業績の評価と解釈を通じた統制のために必要な方法や概念を含んでいる。管理会計は，経営管理の特別な諸問題，決定，日々の課業と関連のある会計情報を収集，総合，分析，提示する方法を考察することを含んでいる。」

　わが国においては，「管理会計上の利益概念」に関する意見書（企業利益研究委員会）の中で，「会計はその目的にもとづいて財務会計と管理会計とに区別

される。財務会計は出資者，債権者，取引先，国家，一般社会などの企業外部の利害関係者に対して経営者が義務として報告する会計であり，企業財産の保全と資金の流動化をはかり，利益分配の基礎を提供することを目的としている。これに対し，管理会計は経営者が行う経営管理，すなわち，計画と統制に役だってゆくことを目的とする。」と述べている。

　この定義につき，西澤脩教授は，次のように補足している。「財務会計における企業財産の保全，資金の流動化と実際期間損益の算定という事柄は，管理会計の中にも含まれるということである。管理会計は，計画会計（個別計画会計と期間計画会計を含む）と統制会計に二分することもできれば，これを意思決定会計（個別計画会計）と業績評価会計（期間計画会計と統制会計を総合する）とに大別することもできる。

2　管理会計の起源

　管理会計は，企業財産の管理保全を目的として必然的に生まれてきたといえる。初期の管理会計は，経営者や債権者のための企業の財務会計を行ううえで特に企業の経営者側からの要求された財産管理保全のための資料作成技術として生まれてきたと予想できる。いわば，企業の財務諸表を作成する過程において付随的な資料として作成されてきたものであり，財務会計に包含されていたと考えられる。

　1920年代以降，経営分析，予算統制，標準原価計算などの企業の経営管理に役立つ手法が開発され，現在の管理会計技術の基礎が徐々にできてきた。この時期以降，主に管理会計は新旧の方針，政策，企画による企業活動から経営，財政状態の将来予測を行い，財務会計は，過去の実績計算を行うという相違が明確に表れてきたのである。これ以後，管理会計は，財務会計の範囲からしだいに分かれ，独自の分野として成長してきたのである。

3　管理会計と財務会計

　管理会計の特色は，よく財務会計と対比して説明されている。アンソニーと

ウェルシュによる対比を表にしてみる。

図表5-1　管理会計と財務会計との対比

管　理　会　計	財　務　会　計
・単一・統一的構造	・「一般に認められた諸原則」に従って報告
・有用性が情報の判断基準	・強制的
・任　意	・貨幣情報に限定（原則）
・貨幣情報と非貨幣情報	・歴史的情報の報告
・将来情報に重点	・企業を全体として把握
・情報の適時性	・数値の適正性を要求

第2節　管理会計の体系

1　従来の体系

管理会計の体系としては，大きく分けて従来3つの区分による体系が論ぜられている。

(1)　計算方法別体系

管理会計を標準原価計算や予算統制などの計算方法から，体系化しようとするものである。

(2)　適用領域別体系

管理会計を経営管理の基本的職能に対応して，体系化しようとするものである。

(3)　機能別体系

管理会計を経営管理機能の要素のうち，計算可能な計画と統制に対応して体系化しようとするものである。

上記の3体系のうち，最近ではの機能別体系の主張が多くとらえられている。機能別体系は，①計画会計と，②統制会計の区分が基本的になされている。

アメリカではゲッツが，「会計管理目的とは，経営管理上の計画設定に役立ち，また活動を管理するための資料を提供することにある。この場合の会計の

問題としては，それらの資料につき選択，分類，評価を行うことである。」と述べている。

またイギリスでは英米生産性会議の報告書が，「管理会計とは，経営者，管理者が経営方針を決定し，また事業における日々の活動を行うにつき，それを援助するような方法で，会計報告書を提出してゆくものである。」と述べて同様の管理会計体系への見解を示している。

2　基本計画と業務計画

ここで基本計画と業務計画についてその要点を述べる。

基本計画は，基本的構造に関する計画である。その性質上，長期の経営計画になり，個別計画としての性質をもっている。したがって，主にその計画策定は，最高経営者が行うものである。

業務計画とは，企業の執行活動に関する計画である。企業の継続的反復的な日常活動に関する計画である。したがってその性質上，短期の経営計画になり，期間計画の一環として組み込み実行されることになる。また，その計画主体は，各部門に委ねられることが多い。

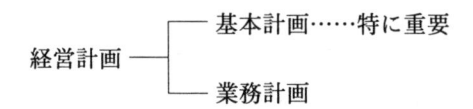

経営計画 ── 基本計画……特に重要
　　　　　└── 業務計画

経営計画の中でも，特に経営の基本構造は重要である。これは家の建築でいえば土台にあたる部分である。土台がしっかりしていれば，家族の増加，構成の変化に対処するための改築が容易である。これと同じように，基本計画がしっかりとしたものであれば，企業の方向性の多少の間違いを修正することが容易にできる。基本計画を基礎として，そのうえに，業務計画および統制が成立するのである。

3　戦略的計画と経営管理

次に戦略的計画（strategic planning）と経営管理（management control）

（業務計画を中心とする総合計画とそれによるコントロール）の関係を検討してみる。

　戦略的計画は，最高経営者が立てるものである。その性格は，創造的，分析的なものであり，かつ複雑である。また，その計画対象は，一般的には長期間である。その性質も日常業務のように，規則的ではなく，不規則的であり，その手続きも非定型的である。

　ここでアンソニー教授の戦略的計画を紹介しておく。

図表 5 － 2　アンソニーの戦略的計画

アンソニー教授の戦略的計画	
計 画 内 容	・経営目的の変更 ・目的達成手段（製品，設備，人員，資本，など）の変更 ・変更手段の獲得 ・方針の決定
対 象 項 目	・　会社の目的や方針 ・　関係事業の獲得や廃業 ・　販売の市場 ・　販売経路

　戦略的計画は，原則として経営の特定項目の計画に関するものであり，必要に応じて実施される臨時的なものである。その戦略的計画を立てるために検討される情報は，企業外部からのものが多く，最高経営者の決定事項である。

　経営管理者は，各部門の管理者が中心となって立てるものである。このため，経営管理は，管理的な性格が強い。計画の対象期限は，最高経営者が立てる戦略的計画に比して，短期間である。業務的側面の性格を有しているため，その計画は反復的で規則的なものになる。

　また，経営管理は，戦略的計画の範囲内で実施される。このため，1つの戦略的計画の中に複数の経営管理が包まれていることになる。この複数の経営管理を調整し，戦略的計画の目標を達成するように方向づけることもまた，大きな意味で経営管理の役割である。

いい換えれば，経営管理とは，経営手段などを利用して経営目的を達成するものである。それは戦略的計画によって設定された枠内での執行の問題である。たとえば次年度の予算決定などはこれに該当する。

4　体系の整理

以上述べたような点を考慮して，管理会計の体系をどのように考えるべきかというと，大体次の 3 つの体系に分けられる。

(1)　ベイヤー（Beyer）の見解

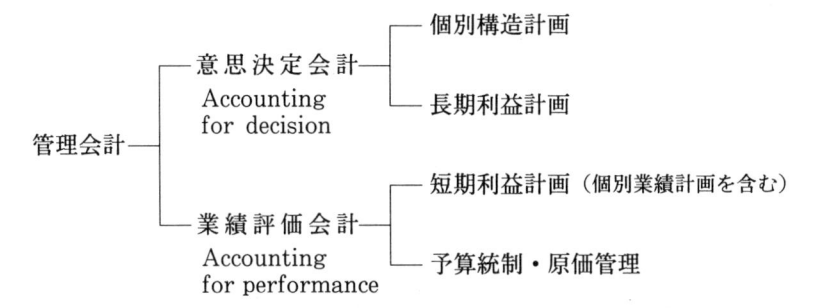

(2)　ASOBAT（A.A.A.A Statement of Basic Accounting Theory. 1966）の見解

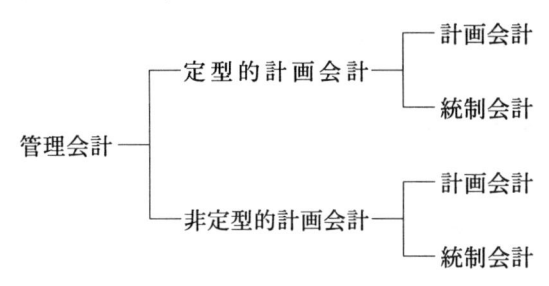

(3)　アンソニー（Anthony R. N.）の見解

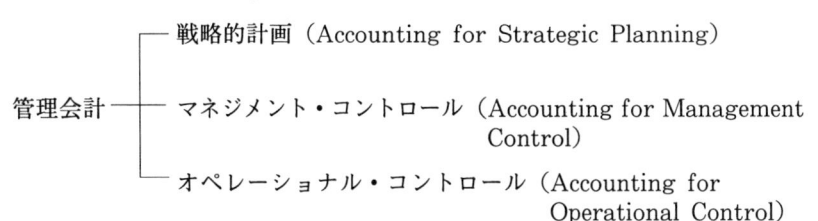

以上の体系を整理してみると次のようになる。

図表 5 - 3　管理会計の体系

	(1)	(2)	(3)
戦略的計画 ないし 基本計画	意思決定会計	非定型的計画会計	戦略的計画
業務個別計画		定型的計画会計	マネジメント・ コントロール
業務期間計画			
統制	業績評価会計	定型的統制会計	
		非定型的統制会計	オペレーショナル ・コントロール

　以上示した体系について3つの見解は，管理会計の本質をどのようにとらえるかであり，そのとらえ方によって管理会計の体系は異なるといえる。したがって，管理会計の絶対的な体系はないと思われる。

第3節　計画会計と統制会計

　管理会計の計画会計および統制会計の項目は次の4つに分けられると思われる。

図表 5 － 4　計画会計と統制会計の項目別分類

	1	2	3	4
長期利益計画	A	A	A	
設備投資の意思決定と経済計算				
その他の個別計算の意思決定と計算				
利益計画と利益図表・直接原価計算	B	B	C	D
予算制度				
原価管理会計				
事業部制下の会計			B	

A……意思決定のための計画会計
B……統制および業績評価のための会計
C……AとBとの連結帯
D……責任会計

以下，具体的に各項目を検討してみる。

1　利益計画－profit planning

　利益計画の意義について検討する。通産省産業合理化審議会の「経営方針遂行のための利益計画」によれば，「企業の経営方針として，目標とすべき利益率が明示されたとすれば，これは長期にわたっての平均目標となるであろう。この目標利益率を勘案して来年度における目標利益率をいくらにするか，またはこれをどうやって実現するかを計画したものが，利益計画である。」としている。

　西澤教授は，利益計画を，「一定の計画期間中に達成すべき目標利益と，その実現方法を計画する組織的で制度化された過程である。」と定義し，次の特質があるとしている。

「①一定の計画期間を対象とする期間計画である。

　利益計画のうち1年を超える計画期間を対象としたのが長期利益計画である。

　②計画期間に達成すべき目標利益を決定する。

長期・短期いずれの場合でも，利益計画は，計画期間中に達成すべき目標利益を決定することから開始される。目標利益は，将来達成を意図する未来利益概念であり，財務会計上の実勢利益概念とは本質を異にする。未来利益といっても，単なる希望利益では不十分であり，達成可能利益でなければならない。

③目標利益を実現する方法を計画する。

目標利益が決定されれば，それを実現する方法を計画することが，利益計画の第2段階となる。ここに実現する方法とは，目標利益を実現するための売上高と費用の総枠を割り出すことである。

④組織的で制度化された過程である。」

2 利益計画の手段

利益計画と利益統制の手段として，企業が採用する管理制度は，企業予算である。企業予算は，予算編成と予算統制の2つの過程からなる。

● 予算編成の段階

　　①長期経営計画の策定

　　②大網的短期利益計画の策定

　　③各部門へ予算編成方針の伝達

　　④各部門の予算案の調整

　　⑤正式の予算決定

● 予算統制

第4節　各管理会計技法

以下，各種の管理会計技法を通商産業省構造審議会の発表した「コスト・マネージメント」を紹介する。

1 設備投資の経済計算

設備投資の経済計算の問題は，資本予算（capital budgeting）の問題として

扱われる。資本予算とは，生産・販売に使用される固定資産に対する投資，つまり設備投資に対する財務的計画と統制を意味する。

設備投資案（investment project）を中心とする資本予算は，適切に決められた長期計画と資本計画を結合し，年度予算へ展開するものとして取り上げられる。資本予算の主な部分は固定資産にかかわるものである。設備投資は，将来の長期間にわたり，その企業の業績に重大な影響を与えるものである。この設備投資計画に対する意思決定は，企業の盛衰を左右する重大な鍵である。

資本予算では，ここの設備投資計画ごとに，その投資損益を計算する。その結果にもとづいて，投資計画相互間の優劣を比較し，その採否を決定する。この設備投資案について，岡本清教授は，次のように分類している。

(1)　投資目的による分類

新規投資（新製品開発，新市場開拓投資），拡張投資（現製品，現市場の拡張），合理化投資（原価低減），取替投資，政策投資（安全，環境改善投資），その他の投資（社屋，駐車場建設）など。

(2)　投資金額による分類

工場長決裁工事（100万円以下），事業部長決裁工事（1,000万円以下），一般工事（1億円以下），大工事（一億円超），戦略投資など。

(3)　設備投資案の相互関係による分類

独立投資，従属投資（相互排他的投資，補完投資，前提投資）。

投資の経済性計算の方法には，正味現在価値法（net present value method: NPV），内部利益率法（internal rate of return method ; IRR），収益性指数法（profitability index method ; PI），単純回収期間法（time-unadjusted cash payback method），単純投下資本利益率法（time-unadjusted rate of return method）などがある。各方法の詳しい解説は，専門書に委ねる。

2　標準直接原価計算

直接原価計算とは，原価を製品の生産量ないし販売量との関係で変動費と固定費に区分し，製品原価を変動費だけで算定し，固定費は期間原価として，そ

の総額を発生期間の収益に対応させる原価計算である。この直接原価計算を標準原価計算方式で展開したものが，標準直接原価計算であり，それは，標準原価計算と直接原価計算の両方の特徴を合わせもったものである。

　標準直接原価計算では，製品ないし仕掛品の原価は，変動的標準製造原価だけで算定されるから売上高とこの売上製品原価を対応させた差額に，変動的製造原価の原価差額を修正することによって総限界利益が示される。これから販売費，一般管理費中の標準変動費と原価差額を修正・控除することによって営業限界利益が得られ，さらに，それに期間的固定費の総額を対応させて純利益が示されることになる。この標準直接原価計算による損益計算書のフォームを示すと図表5－5のようになる。

図表5－5　標準直接原価計算による損益計算書

損　益　計　算　書	
Ⅰ　売　　上　　高	×××
Ⅱ　直　接　原　価	
売　上　原　価（標準）	×××
総　限　界　利　益（標準）	×××
原　価　差　額	×××
総　限　界　利　益（実際）	×××
販売費・一般管理費（標準）	×××
営　業　限　界　利　益（標準）	×××
原　　価　　差　　額	×××
営　業　限　界　利　益（実際）	×××
Ⅲ　期　　間　　原　　価（実際）	
製　造　固　定　費	×××
販　売　固　定　費	×××
一　般　管　理　固　定　費	×××
Ⅳ　当　期　純　利　益	×××

　以上の標準直接原価計算を実施することによって，つぎのような効果が得られる。

① この原価計算制度のもっとも基本的な効果として，企業の「原価・売上高・利益」の間の関係の分析（いわゆるCVP分析）を明瞭に行いうる結果，利益計画ないし利益管理の基礎的資料が得られ，戦略的な価格政策や製品組み合わせ計画の計数を明確にするばかりでなく，その損益分岐点を引き下げるための努力目標が与えられる。

さらに，大企業において事業部制を採用した場合，企業の総合的管理との関係において，各事業部の業績を測定するためにも，この標準直接原価計算の方式が活用される。事業部制を採用している場合の標準直接原価計算による損益計算書のフォームを示すと図表5－6のようになる。

図表5－6 事業部制の損益計算書

損 益 計 算 書		
甲 事 業 部		
A製品	B製品	合 計
Ⅰ 売 上 高		
×××	×××	×××
Ⅱ 直 接 原 価		
売 上 品 原 価 （標準）×××	×××	
総 限 界 利 益 （標準）×××	×××	
原 価 差 額 ×××	×××	
総 限 界 利 益 （実際）×××	×××	
販売費・一般管理費 （標準）×××	×××	
営 業 限 界 利 益 （標準）×××	×××	
原 価 差 額 ×××	×××	
営 業 限 界 利 益 （実際）×××	×××	×××
Ⅲ 期 間 原 価 （実際）		
事業部管理可能固定費（実際）		×××
事業部管理可能利益		×××
事業部帰属固定費（実際）		×××
事業部利益		×××
事業部外固定費（実際）		×××
Ⅳ 当 期 純 利 益		×××

② 各部門別の変動費における原価差異は，そのまま，原価効率を示し，原価統制のもっとも重要な資料になる。

③ 固定費についても，これを各部門別に細かく予算化しておけば，それと実際発生固定費との比較によって，各部門ないし管理階層別に固定費発生の意思決定者の責任追及の根拠となる。

④ この方式による予算制度を実施すれば，棚卸資産の大きさで損益を人為的に操作することは不可能であり，予算も編成しやすく，かつ，正しい予算統制ができる。

今後のわが国の原価計算制度として，企業の総合的利益計算計画と原価統制の両者の目的に最も有効に奉仕しうるこの標準直接原価計算は，コスト・マネジメントのための継続的計算制度として，その中核をなすべきものであり，その広汎な実践が大いに推進される必要がある。

3　原価管理

原価計画と原価統制は，経営の組織と諸制度によって，企業の中に具体化されるものである。

個々の人々の原価意識と創意工夫とはきわめて大切である。しかし，それは，組織をとおして秩序ある体制のもとに，適切な責任権限にもとづいて発揚されることを要件とする。すなわち，まず原価管理に関する責任と権限を明確化しなければならない。その運営にあたっては，特に原価引き下げ計画や，それにもとづく原価統制において，下位者の創意工夫とあいまって，上位者の確信をもった統率と意欲づけとが大切である。

たとえば，上位者は経営上必要とする原価引き下げのイニシアティブについて責任をもたなければならない。たとえば現場における原価引き下げの提案に対しては，積極的にこれを取り上げ，改善を奨励する。さらに，組織におけるコミュニケーションを円滑にして，部門間のセクショナリズム的な壁を取り除くことも大切である。そのためには，原価管理に関する総合的なスタッフ部門や能率的な委員会制度や報告制度などの整備が必要である。

　次に原価管理であるが，伝統的な原価管理のやり方は，原価統制といわれるものである。これは原価の標準を設定して，発生する原価のコントロールを行う。原価計算を活用して，現場の作業活動のコントロールを，直接材料費，直接労務費そして製造間接費の区分に従って行う。このような原価統制は，必要があれば販売費，一般管理費にまで行われる。

　こういった原価統制のためには，伝達，動機づけ，評価が適切でなければならない。

　すなわち適切な伝達と動機づけを内容として，事前コントロールが行われる。事前コントロールとは，原価発生以前に管理者，執行者の意識に訴えて，原価の目標を達成するような活動を刺激することである。

　次に原価統制では原価標準と実績原価の比較によって，活動結果の評価が行われる。これに関しては，原価管理の責任組織に従って，そこにおける管理可能原価の標準を設定する。そこで発生した実際原価を把握して，標準と実績の比較と差異分析とを行う。そして差異分析を原価報告書に記載して提出し，それにもとづく是正措置がとられるのである。

　このような原価管理のための計算として，まず実際原価の計算手続きが整備されなければならない。それは費目別，部門別，製品別の計算手続き段階を経て行われる。費目別計算では原価要素を，それぞれに属する費目別に計算し，次にこれらの費目を部門別にとらえる。原価管理上，有用な原価資料が提供される。

　原価管理のためには，また標準原価計算，予算統制が活用される。

　原価のうち，変動費は，標準原価で管理され，固定費および変動費は期間の部門別の予算を設定して，総合管理の一環としての統制を行う。なおこの際，標準や予算を設定して，どのような方法で，どのような水準で設定するかによって，これらの予算や標準に対する管理者の執行者のモチベーションも影響を受けるので，こういった点についても十分に注意せねばならない。

　以上述べた原価管理会計についての伝統的な方法の他に，「コスト・マネジメント」といわれるところの新しい原価管理アプローチへの注目が注意され

ねばならない。

　伝統的な原価管理と新しい原価管理の両者の特質を比較対照してみると図表 5 - 7 のとおりである。

図表 5 - 7　原価管理の特質比較

		近代的原価管理	伝統的原価管理
組	織	全　　　　体	現 場 管 理 者
領	域	全　領　域	製 造 責 任 者
機	能	計 画 ・ 統 制	統　　　　制
視	点	長 期 ・ 短 期	短　　　　期
計	算	予算, 標準原価, 経済計算 I E, VA, QC, OR	標 準 原 価 計 算
人 間	観	モチベーション	科 学 的 調 査

4　事業部制会計

　会社の経営管理のための組織の立て方に職能別組織によるものと，事業部制組織によるものとがある。次に製品別および地域別事業部制形態の一例を示してみる。

　職能別組織の場合は，製造，営業，購買等々の区分による各部門は，原価責任または収益責任はもつが，直接的に利益責任をもつものではない。

　事業部制を採用する場合は，事業部長は単なる原価責任や収益責任をもつことにとどまるのではなくして，事業部がプロフィット・センターとして，利益責任をもつ管理単位となる。

　事業部制の生成・発展は，これを会計的にみるならば，それは責任会計の展開を示す一形態であるとみなすことができる。責任会計とは，会計管理のシステムを，管理組織ないし部門管理者，監督者などの責任に結び付けたものである。責任会計とは，特定の部門管理者や個人の行う活動について，管理や活動を刺激し，活動結果についての業績を明確にするための会計の手続きや活用に

関するものである。業績評価のための会計として重視されてきた。

責任会計が適用されるところの責任中心点の区分として，アンソニー教授は次の3つのものをあげている。

①費用中心点

②利益中心点

③投資中心点

責任会計は，その初期の形態は，もっぱら費用中心点につき適用され，コスト・コントロールのための会計としての原価計算が注目されたのである。その後，事業部制下の業績評価会計として，利益中心点や投資中心点への適用が行われるようになった。

図表 5 − 8 　業績評価表

業績評価表（参考）	
売　上　高	×××××
差引：変動費	××××
限 界 利 益（広義貢献利益）	×××
差引：管理可能固定費	×××
管理可能利益	×××
差引：事業部帰属のその他固定費	×××
事 業 部 利 益（狭義貢献利益）	×××
差引：事業部外の費用	×××
純　利　益	×××

このような事業部制の導入は，次の理由により，企業経営に導入された。

① 　企業環境変化の増大や技術革新による製品のライフ・サイクルの短期化と環境変化に対応した意思決定の重要性

② 　経営内容の多角化にもとづく製品，地域の多様性とそれに対応した管理の必要性

③ 　経営規模の拡大にともなう分権的管理の要請

④　従業員の自主的意欲とモチベーションの必要性

5　予算統制

　原価の計画および統制は，経営活動のすべての領域において各種手段・方法を用いて行われるが，この際，特に予算統制のもつ総合管理機能の意義が重視されなければならない。

　従来は，予算統制というと，とかくこのことば自体がそのようなニュアンスを与えるように，予算による統制そのものに意義があるかの印象を与えてきた。しかしながら，今日の予算統制はそれが機能すべき背景としての技術革新，経済変動などへの適応化を考えなければならないのであって，予算統制のもつ総合管理における計画機能が強く取り上げられなければならない。

　すなわち，経営構造に関する長期経営計画との関連を保ちながら，かつ，一定期間の利益計画を行い，それを欠く執行部門の執行責任として，予算は，執行活動のコントロールを期するものである。

　総合的な原価の計画および統制の年度ごとの実施は，結局，予算統制に結集され，それによって総括されるのであって，特に次のような予算統制の原価の計画および統制における機能が認識されるべきである。

①　予算の編成にあたっては，原価の計画と統制のための分析と計算として，ＯＲ，ＩＥ，価値分析，特殊原価調査などの各技法と，それによる各種個別計画が吸収されるものである。

②　原価引き下げのための計画と統制においては，経営構造に関する長期計画との関連において，その執行上の展開が必要である。予算統制は，このような長期計画と年度の総合的執行計画との関連においてもたれるのであって，このような点からも予算統制の機能は重視されなければならない。

③　原価引き下げのための原価計画は，特定の原価領域だけの問題にとどめられてはならない。それは原価・収益・資本にわたって，総合的に検討された結果として，原価引き下げの総額を明らかにするべきである。したがって，予算統制は，利益管理の内容を形成する損益管理と資本管理の両者を

相互関連的に内包して展開する総合管理にとって，有効である。

④ 予算統制は利益管理の具体的執行に関して行われているものであるが，それは，各予算管理単位ごとの執行計画と執行目標を示すところの各部課の責任予算を形成する。このことは，予算統制が総合的観点から，各執行部門の原価引き下げの責任を明確にすることになる。

企業の利益管理を具体的に行うためには，予算による管理が必要である。予算による管理とは，予算の編成と予算による各部門活動の統制を内容とする。予算の編成では，予算期間における企業の各業務分野の具体的な計画を貨幣的に表示し，これを企業の利益目標にかかわらせて行う。つまり，利益目標の実現を可能にするような具体的な計画が予算の編成にあたって組み入れられるのである。そして各業務分野を総合管理的に調整し，かつ各業務分野が分担する執行責任を明確にするのである。このような意味で，予算の編成は，利益計画の具体的表現に他ならない。

次に予算による統制では，予算は各業務分野の活動方向を指示し，執行活動を誘導，規制し，また企業全体および各部門の業績評価の基準となる。

予算制度を導入すれば，企業はなりゆき管理でなく，見通しをもった計画的な経営管理を行うことができ，また各業務分野のバラバラの管理ではなく，総合的管理ができる。そしてまた各業務分野の業績評価をともなう経営管理体制を整えることもできる。

予算制度の本質的機能として，一般にあげられるのは，次の3つのものである。

①計画機能
②調整機能
③統制機能

第1の計画機能は，予算制度が利益計画の具体化手段であり，また予算の編成にあたって利益計画などが適切なためには，予測や調査の資料の整備が必要である。

第2の調整機能は，予算制度が総合管理の立場から，会社的観点にたって，

とくに調整機能にもとづく，経営における責任・権限の委譲が要求されるのである。

第3の統制機能とは，予算は執行活動を誘導・規制し，かつ執行結果の業績評価に役立ち，また予算と実績の差異分析の結果が，次の行動への是正措置とか，予算の目標や計画の修正などへとフィード・バックされるべきである。

良好といえない予算制度は，一般にどのような理由で，そういうことになっているかというと，基礎的な理由として，経営者や各部門の人たちが，予算制度を真に理解しておらず，予算意識が行き渡っていないことによる場合が多いようである。

経営者において，予算をただ各執行部門を締め付ける用具だと考えている。天下りの予産を部門におしつけたりするのは，経営者が正しく予算制度を理解していないからである。

執行部門が，予算を自分たちを拘束するものだと考えたり，実績の数字を次の予算設定でも当然確保できるものと主張したりすることなどは，執行部門の予算制度への理解不足を示すものである。

予算制度では，予算は用具であって，これを利用するのは，経営者であり，執行部門の管理者や執行担当者たちである。それゆえに良き予算制度のためには，全体的に予算制度への正しい理解がもたれ，かつ予算意識が強くもたれることが望まれるわけである。

予算編成の手続きは，損益予算は予算編成方針に従って，トップ・ダウン方式よりも，各部門から予算案を提出させ，予算担当スタッフでこれを検討し，総合化するボトム・アップ方法による。なお損益予算の編成にあたって，最近ではシミュレーション・モデルを利用する方法なども注目される。

次に損益予算を基準として資金予算が作成される。資金管理は，わが国の企業では特に重要な問題であって，財務の収益性管理が損益予算によって行われるのに対して，財務流動性の管理は資金予算によるのである。

次に予算による執行活動の統制は，まずモチベーションを執行部門に与えることである。すなわち，執行部門にあらかじめ予算の伝達を適切に行い，予算

達成への自主的意欲をもち，予算の達成を期するような，意識をつくることが必要である。

　次に予算に対して実績がどのように進捗しつつあるかを，予算期間中もチェックする。次に予算期間の終わりには，各予算管理単位別に，各費目ごとの予算と実績の差異額の算定および分析を行う。予算差異分析をめぐる，いくつかの問題点について説明すると，まずその担当者は，経理と執行部門が共同ですることが望ましく，可能な限り，予算実績検討会議などをもち，差異の発生原因を分析し，それにより執行活動についての是正措置をとるとか，あるいは予算が現実的でないなら，予算の修正へとフィード・バックするなどの検討を行う。

　次に予算統制における差異分析では，特に予算が一定の操業度にもとづいて設定されたものであることを承知すべきである。したがって，実際の操業度が，予算設定の基礎となった操業度と異なる場合には，まずその差異を明らかにし，それから予算差異や能率差異を分析する。

第6章 監 査

第1節 監査の意義

1 監査の定義

　今日，経済社会の中において活動を行う現代企業は，株主，債権者，国・地方公共団体，消費者など無数の利害関係者との多くの関わりのもとに成り立っている。現在，ある一定の規模を超える企業は，会社の経営に際して，お互いに利益や影響を与えうるこれら多くの利害関係者に対し，自社の財務情報を公開することを義務づけられている。これは，企業の財務情報が利害関係者にとって今後の意思決定をするうえでの重要な判断材料となるためである。

　しかし，このための財務情報の公開をすべて企業側の責任において行うならば，企業にとって都合の悪い情報を公開しないという状況が生じる可能性がある。情報の公開を義務づけられている以上，企業倫理などといった曖昧なものではないものを強制力とする必要がある。また第三者機関による監査というのは重要な意味も持つ。

　ここでいう監査というのはどういったものを指すのか定義づけておきたい。監査とは「ある行為あるいはある行為の結果を示す情報などについて，その真実性，妥当性などを確かめ，その結果を関係者に報告すること」である。監査というのは情報の信頼性を高めるものであり，企業，利害関係者双方の信頼関係にも通ずるものである。そして信頼性を高めるために「独立した第三者が行う」ことが必然である。

　現代における監査は，何を監査するか，誰が監査するか，法律などにより監査が義務づけられているかという3点について，どの視点から分類するかによって種類分けされている。

① 何を監査するかによる分類
　・会計監査：会計情報に対しての監査であり，現代においては財務諸表
　　　　　　　に対しての監査である。
　・業務監査：業務活動に対しての監査である。
② 誰が監査するかによる分類
　・内部監査
　・外部監査
③ 法律により義務づけられているかによる分類
　・法定監査
　・任意監査

　本書においての監査とは会計監査のことを指す。会計情報に対しての監査というものがどのように発展してきたかについて触れ，現代の日本においてどのように運用されているかを紹介しよう。監査基準については先ごろ改訂されたばかりである。監査というのは時代ごとにその姿を変化・発展させているのである。

2　監査の歴史

　監査は歴史的背景にもとづき現在までに，その時代ごとに必要に応じて，その姿を変えてきた。その起源は古く紀元前にまで遡る。これは監査を行うことにより情報の信頼性を高めるということが情報の公開において，どれだけ重要なものであるかということであろう。その中で問題が生じるたびに制度を修正してきたものが現在の監査制度である。監査というものを理解するためにも，その歴史について簡単にふれておこう。現在，最古の監査は紀元前4000年ごろバビロニアにおける税金徴収にかかわる監査が口頭により行われたものであるとされる。そしてそれからの長い年月，時代ごとに手法や対象を発展，変化し続け，1500年代半ばから1600年代にかけては近代の監査証明や第三者調査の初期段階などが始まった。17世紀までは監査は口頭で行われる事が多く，第三者による調査も明確化されていなかったが，このころから近代化の走りが見られ

るようになってきた。これはイギリスを先駆けに社会が近代化していくことに伴い，商業が発展し，必然的全的に会計というものの重要性が増したことによる。その信用を明確にするために監査制度の近代化が始まった。

1844年にイギリスにおいて会社登記法ができ，準則主義による会社設立が可能となった。その際に，投資家保護の目的で貸借対照表の作成が義務づけられ，また対照表に対する監査も義務づけられた。この際に監査方法として，すべての取引に対して詳細に検査することにより，監査が行われた。この方法を現在行われている「試査」（監査対象の一部を抜き取って，そのサンプルを検査することによって全体を推測する方法）に対して，全体を細かく検査するために「精細監査」と呼ばれている。またイギリスで生まれ発展したことから，イギリス式監査とも呼ばれている。

次に19世紀末から20世紀のはじめ，アメリカにおいて銀行の融資判断のために貸借対照表を主に対象とした監査方法が生まれた。これが「貸借対照表監査」と呼ばれている。アメリカで発展したため，アメリカ式監査とも呼ばれている。

貸借対照表監査の内容

①貸借対照表に表示されている資産・負債・純資産は架空でなく，実在しているかどうか（実在性監査）。

②貸借対照表の作成時点（貸借対照表日）における企業の資産・負債・純資産のすべての項目が洩れなくすべて表示されているかどうか（網羅性監査）。

③これらの項目の評価が適正であるかどうか（評価に関する監査）である。

貸借対照表監査の目的は，会社の財政能力を確かめ，融資判断を行うためのものである。前述の精細監査に比べ，目的が限定されていることから，調査方法が絞り込まれ簡略化されている。

そして最後に1930年代，貸借対照表監査に代わり，財務諸表監査という手法が主な監査方法となり，現在もその手法が使われている。証券市場の成長によ

り，企業の判断材料として，財務諸表を信用判断のための材料とするようになった。また法律により，公認会計士による財務諸表監査が義務づけられた。それが，利害関係者と企業の信頼関係の根拠となりうる，公開された信用ある財務情報として扱われる監査方法である。現在も行われているこの監査方法を「財務諸表監査」と呼ぶ。

第2節　わが国における監査制度

1　金融商品取引監査

　現代の日本における法定監査は，2つの法律の下に行われる。金融商品取引法のもとに行われる金融商品取引法監査と商法の下に行われる会社法監査である。証券取引法監査は，投資家の保護を目的とし，有価証券の取引を公正にし，流通を円滑とすることを目的とする。

　金融商品取引法監査（旧：証券取引法監査）は第二次世界大戦後，有価証券届出書，有価証券報告書が制度化され，公認会計士法も施行され，公認会計士監査が制度化された。企業会計の規範，監査人の判断規範として「企業会計原則」，「財務諸表準則」，「監査基準」が公表され，「証券取引委員会規則」，「財務諸表等の用語，様式及び作成方法に関する規則」が公布され，「監査報告基準」が新設された。公認会計士制度の運用機関は大蔵大臣（現　財務大臣）の諮問機関たる公認会計士審査会である。

　こうして始まった公認会計士監査であるが，昭和40年前後位から不正経理事件が多発し，公認会計士の数多くが処分を受ける事態となった。そのため監査実施準則・監査基準・監査報告準則の改定，監査法人制度の創設，日本公認会計士協会の特殊法人化，商法監査役監査制度への反省と会計監査人監査制度創設，証券行政の強化といった監査制度の見直しを余儀なくされた。その後，数々の改正を経て現在に至る。

　また日本の企業の国際市場での活動・参加のためにより信頼できる情報，監査の必要性から近年，制度の改正が行われている。平成11年に連結財務諸表制

度が一部改正されたことより，個々の財務諸表ではなく，連結財務諸表を重要
視するようになった。その流れの中で平成15年より適用される「監査基準」の
改訂が行われた。内容は不正発見姿勢の強化，継続企業の前提への対処，リス
ク・アプローチの徹底，情報技術（IT）の利用と監査の対応，時価評価など新
しい監査基準への対応，監査報告書の充実，監査実施準則・監査報告準則の廃
止である。このように様々な背景に伴い改正されて現在に至る。

2　会社法監査

　会社法における監査は，従来の「株式会社の監査等に関する商法の特例に関
する法律」の内容が，会社法の改定により会社法の内容に含まれ，旧商法監査
と同様の監査が会社法の下に行われることになった。

　会社法監査は株式会社における監査役（委員会設置会社においては監査委員会）
による監査と，会社法第一篇第一章第二条6項により大会社と定められた会社
における会計監査人監査の2種類がある。会計監査人監査は資本金5億円以上
の大会社，または負債総額200億円以上の会社に対して，監査役監査とは別に
公認会計士または監査法人を資格者とする会計監査人監査を受けることを義務
づけた監査である。

　また監査役監査も証券取引法監査同様，不正経理事件の多発により数々の改
正を経て現在に至る。会計監査人監査はその流れの中で，監査役監査の補完，
強化の目的により導入されたものである。

第 II 部

応 用 編

第7章 経営分析

第1節 経営分析の手法

　企業の経営実態を正確に把握するためには，財務諸表を体系的に分析・検討することが必要である。財務諸表などの会計情報を利用して経営指標を算出し，企業の経営状態を分析することを経営分析という。

　経営分析は，分析の主体が誰かによって外部分析と内部分析とに分けられる。外部分析とは，企業外部の利害関係者が行う分析であり，内部分析とは，企業内部の経営者などが自社の経営改善を図る目的で行う分析である。

図表7－1　経営分析の種類

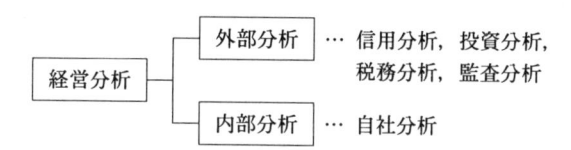

　経営分析とは，財務諸表に記載される会計数値を用いて経営状態の良否を分析することである。財務諸表の分析方法には，実数分析（実数法）と比率分析（比率法）がある。実数分析とは，財務諸表に示される数値をそのまま分析する方法である。比率分析とは，財務諸表の数値を他の数値との比率によって経営指標化して分析する方法である。

1　実数分析－実数法

　絶対分析とも呼ばれ，財務諸表に記載される会計数値を加工せずにそのままの状態（絶対額）で分析する方法である。一般的な方法として，各会計期間毎の数値を期間的に比較しその増減変化を分析する差額分析（差額法）が用いられる。この場合，比較貸借対照表や比較損益計算書を用いて分析を行う。

2 比率分析－比率法

主に財務諸表の各項目に関係する相対比率を用いて企業の経営状態の良否を判断する方法である。相対比率を用いることから，各企業間の業種や規模（資本金など）の違いをこえて分析が行える点に特徴があり，具体的方法として構成比率法，趨勢法，関係比率法がある。

図表7－2　経営分析の方法

```
                 ┌─── 実 数 法
  分析方法 ───────┤                    ┌─→ 趨勢比率
                 └─── 比 率 法 ───────┼─→ 構成比率
                                      └─→ 関係比率
```

(1) 構成比率法

貸借対照表の借方と貸方の総額，ないしは損益計算書の収益と費用をそれぞれ100とした場合に，これに対して資産・負債・純資産・収益・費用の各構成項目がどれくらいあるのか百分率で示す方法である。

(2) 趨 勢 法

ある期間の各項目に関する数値を100とした場合に，これに対してそれ以外の期間の数値はどのような値を示しているか期間比較によって分析する方法である。

(3) 関係比率法

貸借対照表や損益計算書の各項目間の相対比率を用いて分析を行うもので，静態比率と動態比率に分類できる。

静態比率とは，貸借対照表の各項目（資産・負債・純資産）の相対比率を求めることであり，動態比率とは，損益計算書の各項目（収益・費用）の比率，または損益計算書の各項目と貸借対照表の各項目との相対比率を求めることである。

3　比率分析の応用

　ここでは相互に関係のある2項目の関係を分析する関係比率法を用いて，企業の経営分析に用いられる収益性・安全性（流動性）・生産性に関する諸指標について，その枠組みを具体的に説明する。

⑴　収益性の分析

　企業の利益獲得能力，つまり企業がどれくらい利益を獲得しているかという企業の収益力を判断するために行う分析である。この分析により企業の成長力の良否を判断することも可能となる。

　収益性の分析で用いられる代表的な指標には，資本利益率，売上高利益率，売上高費用率，資本回転率がある。

a．資本利益率

　企業の総合収益力を判断する指標であり，投下資本に対する利益の割合として求められる。

$$資本利益率 = \frac{利\ \ 益}{資\ \ 本} \times 100\ (\%)$$

$$= \underset{(売上高利益率)}{\frac{利\ \ 益}{売上高}} \times \underset{(資本回転率)}{\frac{売上高}{資\ \ 本}} \times 100\ (\%)$$

b．売上高利益率

　売上高と利益を相対比較して企業の収益力を判断する指標である。

$$売上高利益率 = \frac{利\ \ 益}{売上高} \times 100\ (\%)$$

　売上高利益率は，分子に適用される利益項目によって売上高総利益率，売上高営業利益率，売上高経常利益率に分けられる。

c．売上高費用率（売上高原価率）

　売上高利益率と表裏の関係にあり，売上高に対する費用の割合で求められる。

$$売上高費用率 \ = \ \frac{費用（原価）}{売上高} \times 100 \ (\%)$$

売上高費用率は，分子に適用される費用項目によって売上高売上原価率，売上高営業費比率など分けられる。

d．資本回転率

資本の運用効率の良否を判断する場合に用いる指標で，売上収益を獲得するために投下資本がどの程度利用されたかを示している。

$$資本回転率 \ = \ \frac{売上高}{資\ \ \ 本} \times 100 \ (\%)$$

(2) **安全性の分析**

流動性の分析ともいわれ，企業の短期支払能力や長期支払能力，すなわち財務の安全性を判断するために行う分析である。安全性の分析は，短期流動性比率と長期流動性比率に分けて分析される。

短期流動性比率は，企業の短期的な支払（返済）能力の適否を判断するためのもので，流動比率や当座比率を用いて分析を行う。

a．流動比率

企業の短期的支払能力を判断するための指標で，流動負債に対する流動資産の割合で求められる。分母の流動負債は1年以内に支払義務を伴う短期的債務であるのに対して，分子の流動資産は1年以内に換金化される資産であり，流動負債の支払手段を意味している。

$$流動比率 \ = \ \frac{流動資産}{流動負債} \times 100 \ (\%)$$

b．当座比率

酸性試験比率とも呼ばれ，当座の支払能力を判断するための指標である。流動負債に対する当座資産の割合で求められる。

$$当座比率 ＝ \frac{当座資産}{流動負債} \times 100 （\%）$$

　長期流動性比率は，企業が 1 年をこえて長期的に安全かつ健全な財務状態を維持できるかどうかを判断するためのもので，固定比率や負債比率などの諸指標を用いて分析を行う。

ｃ．固定比率

　設備投資が自己資本の範囲内でどれだけ行われ，その投資が健全であるかどうかを判断するための指標であり，自己資本に対する固定資産の割合で求められる。

$$固定比率 ＝ \frac{固定資産}{自己資本} \times 100 （\%）$$

ｄ．固定長期適合率

　固定資産対長期資本比率とも呼ばれ，企業の長期支払能力を判断するための指標である。自己資本に長期的な借入資金である固定負債を加えた額で固定資産がまかなわれているかどうかを示している。

$$固定長期適合率 ＝ \frac{固定資産}{自己資本＋固定負債} \times 100 （\%）$$

ｅ．負債比率

　資本構成の関係から長期支払能力を判断する指標であり，自己資本によって負債がどれくらいまかなわれているかを示している。

$$負債比率 ＝ \frac{負　債}{自己資本} \times 100 （\%）$$

ｆ．自己資本比率

　財務構造の健全性を判断するための指標で，総資本に対する自己資本の割

138

合で求められる。

$$自己資本比率 = \frac{自己資本}{総資本} \times 100 （\%）$$

(3) 生産性の分析

　企業の事業活動に投入した生産諸要素（主に労働と資本）がどれくらいの付加価値を生み出したかを測定することにより、企業の生産能率の良否を判断する分析である。この分析は生産諸要素の有効利用度を判断するために行うもので、生産性は投入に対する産出の割合として示される。

$$生産性 = \frac{産\ 出 （Output）}{投\ 入 （Input）}$$

　生産性の分析では、付加価値生産性、資本生産性、労働生産性などの諸指標によって分析を行う。

a．付加価値の求め方

　企業が生産・販売などの経営活動を通じて、新たに生み出した価値をいう。付加価値の計算方法には、控除法と加算法がある。控除法とは、売上高または生産高から原材料費や外注加工費など外部の企業から購入したものを差し引いて付加価値を算出する方法であり、企業がどれくらい付加価値を生み出したかが明らかになる。加算法とは、あらかじめ付加価値の構成要素を決めておき、これらを合計して付加価値を算出するもので、企業が付加価値の分配をどのように行ったかが明らかになる。

〔控除法〕　付加価値＝（売上高または生産高）－（外部企業からの購入価値）
〔加算法〕　付加価値＝労働配分＋公共配分＋資本配分

b．資本生産性

　資本がどれだけの付加価値を生み出したかを分析する指標で、資本投資効率とも呼ばれる。

$$資本生産性 = \frac{付加価値}{生産要素の投入高}$$

$$= \underset{(付加価値率)}{\frac{付加価値}{売上高}} \times \underset{(資本回転率)}{\frac{売上高}{資\ 本}}$$

このように資本生産性は，付加価値率と資本回転率との積として求められる。

c．労働生産性

従業員 1 人あたりでどれくらいの付加価値を生み出したかを示す指標で，従業員 1 人あたり付加価値額とも呼ばれる。

$$労働生産性 = \frac{付加価値}{従業員数}$$

$$= \underset{(従業員1人当たり売上高)}{\frac{売上高}{従業員数}} \times \underset{(付加価値率)}{\frac{付加価値}{売上高}}$$

このように労働生産性は，従業員 1 人あたり売上高と付加価値率との積として求められる。

d．分 配 率

付加価値に対してどの程度人件費として労働（従業員）に分配されたかをみるための指標であり，正しくは労働所得分配率といわれる。分配率には，付加価値に対する人件費の割合を示す労働分配率と，付加価値に対する当期純利益の割合を示す資本分配率がある。

① 労働分配率

付加価値に占める人件費の割合として算出され，従業員 1 人あたりの付加価値を示している。

$$労働分配率 = \frac{人件費}{付加価値} \times 100（\%）$$

② 資本分配率

付加価値に対する当期純利益の割合によって求められる。

$$支配分配率 = \frac{当期純利益}{付加価値} \times 100（\%）$$

第2節　CVP分析

　損益分岐点（break-even point）とは，正しくは損益分岐点売上高といい，収益と費用の総額が一致し，利益と損失の分かれ目となる売上高を意味している。したがって，売上高が損益分岐点をこえれば利益が生じ，逆に下回れば損失が生じる。損益分岐点分析を行うことにより，企業経営の安全度，いい換えれば企業の抵抗力が明らかになる。

　また損益分岐点というとき，狭義に解する場合と広義に解する場合がある。狭義には，企業活動を行った結果利益も損失も生じない場合をいい，この場合売上高＝原価という等式が成り立つ。広義には，原価と売上高（営業量）と利益の関係（CVP関係）を分析することをいう。

1　損益分岐点の求め方

　損益分岐点を求める方法には，公式法と図表法がある。

(1)　公 式 法

　公式に過去の実績資料にもとづいて売上高，固定費，変動費の値を代入して損益分岐点を算出する方法である。

$$損益分岐点 = \frac{固定費}{1 - \dfrac{変動費}{売上高}} = \frac{固定費}{1 - 変動費率}$$

$$= \frac{固定費}{限界利益率}$$

⑵ **図 表 法**

　利益図表（損益分岐点図表ともいう）を用いて損益分岐点を算出する方法である。利益図表とは，売上高が変化するにつれて原価と利益どのように変化するかをグラフ化したものである。

図表 7 － 3　利益図表

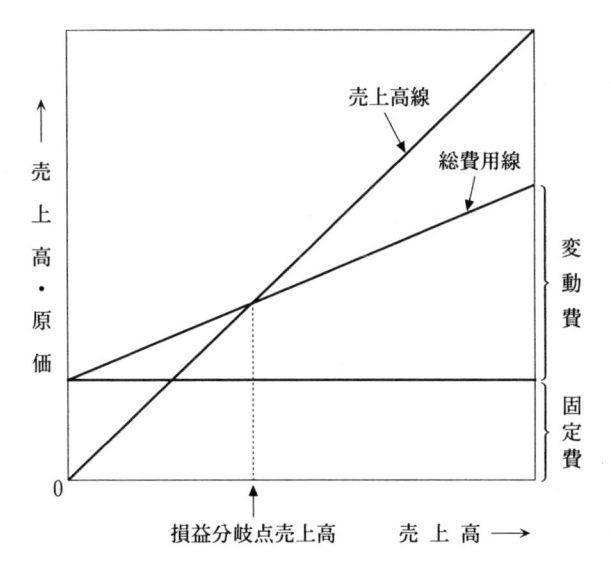

　また，上記の利益図表を変形して，次のように書くこともできる。この図表を，限界利益図表という。

図表 7 － 4　限界利益図表

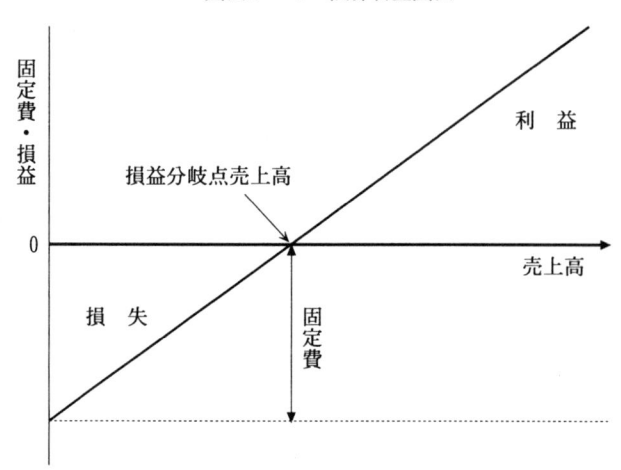

2　限界利益の求め方

　限界利益は，次に示すように売上高から変動費を控除して算出される。さらに，限界利益から固定費を控除すると営業利益が算出される。限界利益を求めることにより，固定費が営業利益でどれくらいまかなわれているかが明らかになる。

$$
売\ 上\ 高 - 変\ 動\ 費 = 限界利益
$$
$$
限界利益 - 固\ 定\ 費 = 営業利益
$$

3　安全余裕率

　経営安全率ともいわれ，現在の売上高のうち損益分岐点をこえている部分が何％であるかを分析するために用いる指標である。安全余裕率が高ければ高いほど，収益力が安定的あり安全性が高いことを示している。

$$
安全余裕率 = \frac{売上高 - 損益分岐点売上高}{売\ 上\ 高} \times 100\ (\%)
$$

安全余裕率と同様に損益分岐点によって企業の安全度を測る指標として損益分岐点対売上高比率（損益分岐点比率）も用いられる。

$$損益分岐点対売上高比率 = \frac{損益分岐点売上高}{売\ 上\ 高} \times 100\,(\%)$$

4 目標利益達成の売上高

企業が利益計画をたてるときには，目標とする利益を達成するために売上高がどのくらい必要となるかを算定しなければならない。損益分岐点を利用して次のように求めることができる。

$$
目標利益売上高 = \frac{固定費＋目標利益}{1 - 変動費率}
$$

$$
= \frac{固定費＋目標利益}{限界利益率}
$$

このように損益分岐点を用いて目標利益を獲得するために必要な売上高を算定し，これにもとづいて企業は経営活動を行う。しかし，これ以外にも損益分岐点そのものの位置を引き下げることによって目標利益を達成することもできる。具体的には，現状よりも①固定費を抑える，②変動費率を引き下げる，という方策がある。これらの方策によって損益分岐点を現状よりも引き下げれば，売上高が思うように伸びない場合でも目標とする利益が達成できる。

〔目標利益を獲得するための方策〕

● 損益分岐点を用いて目標利益を達成するための売上高を算定する。

● 現状の費用（固定費・変動費）を削減し，損益分岐点を引き下げる。

5 費用分解

実際に損益分岐点分析を行うためには，費用を固定費と変動費とに分解する必要がある。費用分解の方法には，個別費用法，総費用法，スキャッター・グ

ラフ法，最小二乗法などがある。

(1) **個別費用法（勘定科目精査法）**

勘定科目精査法または帳簿技術法とも呼ばれ，損益計算書や製品製造原価明細書の各費用の個別項目（勘定科目）によって固定費と変動費の区分を行う方法である。

(2) **総費用法（変動費率法）**

変動費率法とも呼ばれ，2期間の売上高と総費用とを比較して，数学的に費用を分解する方法である。

$$\text{変動費率} = \frac{\text{当期総費用}-\text{前期総費用}}{\text{当期売上高}-\text{前期売上高}} = \frac{\text{総費用の差額}}{\text{売上高の差額}}$$

よって，

変動費＝売上高×変動費率

固定費＝総費用－変動費

(3) **スキャッター・グラフ法　（散布図表法）**

散布図表法とも呼ばれ，費用の過去の実績値をグラフ上にプロットし，これらを結んだ傾向線を引くことにより変動費率と固定費を推計する方法である。

(4) **最小二乗法**

ある一定期間の売上高と費用とを比較して費用分解を数学的に行う方法である。

第8章 リース会計

第1節 リース取引と会計情報の有用性

1993年6月17日に企業会計審議会から『リース取引に係わる会計基準に関する意見書』(以下,「意見書」と略す)[1]が公表された。その後も,リース会計に関する議論は,活発に行われ,急速に進展してきている。このような背景には,リース取引の定着により生じた企業間における会計情報の比較可能性の問題,つまり,実質的には割賦購入と同等の経済的利益を有するリース取引が,現行の会計システムでは取引として認められないことから会計上の記録や報告の対象とはならない,という問題が内在している。つまり,リース取引は,契約時に貸手側(lessors;以下「レッサー」という)は未だ何ら用役を提供しておらず,また,借手側(lessees;以下「レッシー」という)にも何ら債務が発生していないため,伝統的会計理論では未履行契約として取り扱われ,それまでの会計システムでは取引とみなされなかったのである。

こういった問題を内包するリース取引は,米国に端を発している。米国では,時代変遷に伴い多様化するリース取引を,会計理論上で認識・測定するために,さまざまな角度から数多くの議論が行われている。そこで,リース会計を考察する場合には,まず米国にみられる議論の史的展開を中心に吟味していくことが有効であると考える。

米国におけるリース会計に関する議論は,財務会計基準審議会(Financial Accounting Standard Board;以下,FASBと略す)から,1976年11月にFASB財務会計基準書第13号『リースの会計処理』(Statement of Financial Accounting Standard No.13;以下,SFAS13と略す)が公表され,一定の要件を満たすものについては,リース取引における権利を資本化し,貸借対照表の資産および負債に計上することで一致をみている。しかし,SFAS13により,一

応リース会計基準の形成・制度化は達せられたはずであったが，その後に
FASBがとった行動（1990年1月にSFAS13の改訂版を発行）から推測すると，思っ
たような成果は得られなかったようである。

　さらに，FASB は，財務会計ステイトメント・シリーズという形で体系的
な理論的基礎研究も継続的に行っている。概念ステイトメントは，伝統的な会
計上の諸概念を修正ないし拡張させることにより，現在未解決のままになって
いる会計上の諸問題について，解決の糸口を提供するものとして位置づけられ
ている。

　以上のような認識から，本章ではリース取引の資本化処理に関する会計上の
問題点を理論的側面に焦点をあてながら検討していく。そこでまず，現在のリー
ス会計基準の理論的根拠について，米国において展開された実質的割賦購入論
から財産使用権取得論へ，さらには財産使用権取得論を一部否定した拡大実質
的割賦購入論へといった論理の変遷過程を考察する。さらに，取引概念を拡張
することにより，未履行契約であるリース取引に資産性を付与すべきものとし
て未履行契約取引説を取り上げる。続いて，現在までに公表されているリース
会計基準を国際的な観点から考察する。そして最後に，わが国におけるリース
会計基準を概説する。

　このように本章では，オフバランス取引の中でも特にリース取引に焦点を絞
り，リース会計基準はもともとどのような点から要請され，今後どのような方
向へ進んでいくのかといった点を中心に，経済市場で急増しているオフバラン
ス取引をいかにして「オンバランス化」するかという理論的フレームワークを
模索し，検討することにある。

第2節　リース会計と実質優先の思考

　リース取引は，現在さまざまな分野で広く用いられており，われわれの生活
に定着している。現代のリース取引は，ファイナンス・リース取引とオペレー
ティング・リース取引に大別されるが，本章では前者のファイナンス・リース

取引を考察の対象とする。

　リース（lease）の用語は，英米法に由来したもので，その語義のとおり，古くは土地・建物などの不動産の賃貸借を意味していたが，現在では，対象を動産の賃貸借にまで拡大して使用されている[2]。本章で考察の対象としているファイナンス・リースと呼ばれる取引は，リース取引の中でも金融的な性格が強く，実質的に中途解約が不可能な点に特徴がある。

　本節では，リース取引の会計理論上の問題点を明確化するために，具体的な事例を用いた検討を行う。

　まず，同一設備を，一方は割賦販売を利用し，他方はリース取引（ファイナンス・リース取引）を利用してまったく同様に事業活動に使用したと仮定する。前者の割賦販売を利用する場合，その設備は，貸借対照表の固定資産の部に計上され，取引に伴う借入れ相当の債務は，割賦未払金として負債に計上される。その後に資産は，減価償却という費用配分の手続きを通じて毎期営業費用化され，未償却残高に見合う利息は，営業外費用として処理されていく。

　しかし，ファイナンス・リース取引を利用した場合でも，これまでの制度会計では，リース契約締結時ばかりか，リース資産の引き渡し時においてさえも会計上の取引としては認識されず，何ら会計処理はなされなかった。ただ，毎期の支払いリース料だけが，単なる期間費用として損益計算書に計上されるのみで，貸借対照表上には何も計上されなかったのである。

　それでは，なぜこのような同一の経済取引に関して2つの異なる処理が存在

図表8-1　割賦販売とリース取引の会計処理

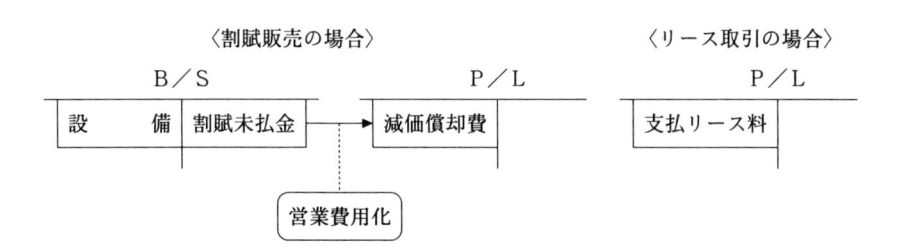

したのであろうか。

　会計情報の開示目的について，ASOBAT が「会計の主たる目的は，実体の経済面に関する財務情報を，利害関係者が意思決定を行う際に利用できるよう提供することである」と定義して以来，会計理論の主流を占める意思決定－有用性アプローチ（Decision-usefulness Approach）という情報会計論的観点から考えると[3]，同一経済取引について異なった会計処理が存在すれば，財務諸表は実態を反映せず，情報利用者に誤解を与え，誤った判断と意思決定へと導きかねない。

　具体的に総資本利益率をみても，リース取引を利用した場合，本来貸借対照表に計上されるべき資産が実際には計上されないので，割賦購入による場合と比べて，総資産計上額が相対的に少なくなり，結果として良好な数値を示す[4]。つまり，実際に資産を所有したのと同等の用役を提供し，収益獲得に貢献するにもかかわらず，用役提供能力をもつ資産を財務諸表に計上しなければ，純資産額と利益の対比でみる総資本利益率の数値が良好な結果を示すのは当然である。これが，リース取引の“オフ・バランスシート効果”と呼ばれるものである。そこで，ファイナンス・リース取引を利用した場合，割賦販売による場合と比べて会計情報分析にどのような影響があるのかについて，簡単な事例をあげて考察を行う。

　ある会社の残高試算表は下記のとおりであったとする。また，ファイナンス・リース取引に係る資産額を200と評価する。この場合，これまでのリース取引に係る会計処理方法（賃貸借方式）では，リース資産の評価額とリース負債は０となる。これに対して，割賦販売の場合，リース資産を固定資産に計上するとともに，リース負債（リース未払金）を固定負債に計上しなければならない。

　これらの資料をもとに，①総資本利益率，②固定資産回転率，③固定長期適合率，④負債比率，⑤自己資本比率を，リース取引の場合（賃貸借方式）と割賦販売の場合（資産計上方式）とに分けて算定する。

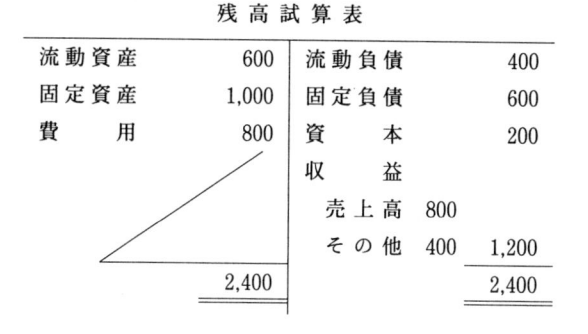

残 高 試 算 表

流 動 資 産	600	流 動 負 債		400
固 定 資 産	1,000	固 定 負 債		600
費　　用	800	資　　本		200
		収　　益		
		売 上 高	800	
		そ の 他	400	1,200
	2,400			2,400

図表8－2　リース取引と割賦販売の比較分析

	リ ー ス 取 引 の 場 合	割 賦 販 売 の 場 合
①総資本利益率	$\dfrac{1,200-800}{\{200+(1,200-800)\}+400+600}=25\%$	$\dfrac{1,200-800}{\{200+(1,200-800)\}+400+(600+200)}=22.20\%$
②固 定 資 産 回 転 率	$\dfrac{800}{1,000}=0.8回$	$\dfrac{800}{\{200+(1,200-800)\}+(600+200)}=0.67回$
③固 定 長 期 適 合 率	$\dfrac{1,000}{\{200+(1,200-800)\}+(600+200)}=83.3\%$	$\dfrac{1,000+200}{\{200+(1,200-800)\}+(600+200)}=85.7\%$
④負 債 比 率	$\dfrac{400+600}{200+(1,200-800)}=166.7\%$	$\dfrac{400+(600+200)}{200+(1,200-800)}=200.0\%$
⑤自己資本比率	$\dfrac{1,200-800}{\{200+(1,200-800)\}+400+600}=37.5\%$	$\dfrac{200+(1,200-800)}{\{200+(1,200-800)\}+400+(600+200)}=33.3\%$

　上記の分析結果から理解できるように，どちらの方法を利用するかによって結果が異なってくるのである。

　しかし，同一の経済事象を描写したはずの財務諸表が異なる会計情報を提示することは不合理である。財務諸表を有効に機能させるためには，その算出の基礎となる会計数値が，取引の実質を反映したものでなければならない。そうした会計処理基準が採用されてはじめて財務諸表の企業間ならびに期間比較が可能となる。

　リース取引のもつ経済的側面を軽視して，賃貸借という法的形式（legal form）のみを重要視した会計処理を行ったのでは，財務諸表の利用者は，企

業がどれほどの資金を実際に利用し，今後どのような債務を負っているのか認識不能となり，財務諸表の解釈を混乱させ，ひいては財務諸表の信頼性をも損なってしまい，有用な会計情報の開示という目的に適合することはできなくなる[5]。

　今日の会計実務に求められるのは，事象の法的形式にとらわれず，経済的実質を重視するという思考なのである。法的形式より経済的実質を重要視する思考は，米国の公認会計士協会（American Institute of Certified Public Accountants；AICPA）の会計原則審議会（Accounting Principle Board；APB）のステイトメント第4号『企業の財務諸表の基礎概念および会計原則』において財務会計の基本的特色（Basic Feature）として掲げられている13の概念の1つである『形式よりも実質を（Substance Over Form）』の中にみてとることができる。

　「F－12形式よりは実質を。財務会計は，法律的形式が経済的実質と異なり，かつ，異なる処理を示唆する場合でも，事象の経済的実体を強調する。

　通常，会計処理の対象とされる事象の経済的実質は，法的形式に合致する。しかし，実質と形式が合致しない場合がある。会計担当者は，事象の形式よりはむしろ実質を強調する。それによって提供される情報が，その対象とする経済事象を一層適切に表現することになる[6]。」

　ここで強調される実質優先思考とは，通常の会計処理の対象とされる事象の経済的実質と法的形式が一致しない場合に，形式よりはむしろ実質を強調することにより，提供する会計情報がその対象とする経済事象をより的確に表示できるという思考である[7]。

　この実質優先思考にもとづく会計の目的は，情報の利用者に企業の財務的実質について有用な情報を提供することにある。したがって，リース会計の具体的な問題点は，実質的に割賦購入を利用した場合と同様に，リース取引から生じる権利と義務を，レッシーの貸借対照表上に資産と負債として計上できるか否か，という点に要約される。

　以上の点を踏まえて，次節以降において米国で議論されたリース会計理論を順を追って概観し，リース資本化処理に関するフレーム・ワークを考察する。

第 3 節　リース会計の展開

1　米国におけるリース会計の変遷

　本項では，米国におけるリース会計理論の展開（リース取引の資本化処理の理論的根拠）について，米国のリース会計基準の設定過程を参考にしながら，史的展開を中心に考察していく。

　まず米国では，1949年にリース取引の資本化処理を初めて規定した米国公認会計士協会の会計調査広報第38号（Accounting Research Bulletin No.38 ; 以下，ARB38と略す）『レッシーの財務諸表における長期リースの開示』によって，リース取引の資本化処理の根拠を，リース取引が実質的に割賦購入による法的所有と何ら変わらないという経済的実質に求める「割賦購入論」が登場した。ARB38は，それまで法的形式から賃貸借契約とみなされていた金融的性格の強いリース取引について，経済的実質優先思考の立場から，それは「金融」に他ならないという意味の実態判断を提示した点で，実に画期的なものであった[8]。

　続いて，1964年に会計原則審議会（Accounting Principles Board ; 以下，AOB と略す）から発表された意見書第 5 号（Accounting Principles Board Opinio No. 5 ; 以下，APBO5と略す）『レッシーの財務諸表におけるリースに関する報告』でもARB38と同様の立場から，リース取引の一部の資本化処理を主張し，実質的に割賦購入であるか否かの判断基準として，支払うリース料によって実質的な持分を生ぜしめるか否か，という「実質持分基準」を導入した[9]。このAPBO 5 では，経済的実質優先思考に立脚して「実質持分基準」を導入し，リース取引を現行の制度会計理論における取引概念の枠内で，法的所有権を伴わない資産の増減変化とみなし，従来の取引概念の拡大化を図って論理化しようと試みている。

　上述した純割賦購入論を受けてAPB は，APBO 5 の発表から 2 年後の1966年にNo. 7 『レッサーの財務諸表におけるリース取引の会計処理』を，さらに

1972年に№27『製造業者ないし販売業社であるレッサーによるリース取引の会計』を公表した。これらの内容は，APBO 5 の「実質的割賦購入」の枠組みを拡大解釈し，さらに一歩進めてリース資本化の対象範囲を拡張する「拡大割賦購入論」であった[10]。この拡大割賦購入論は，「所有権に付帯する利益および危険の実質的移転基準」という新しい概念をリース取引の金融方式選択の判断基準として用いて，リース取引の資本化処理の対象範囲を，ARB38で規定されるレッシーの「実質的割賦購入」に限定せずに，対象範囲を拡大して，資産の使用権のみを移転するリース取引をも資本化処理の対象とした点に特徴がある[11]。この思考は，1976年に発表された現在の米国におけるリース会計基準であるSFAS13へと引き継がれていくことになる。

これまで考察した 2 つの割賦購入論（純割賦購入論，拡大割賦購入論）は，論理的根拠のすべてを経済的な実質優先思考においているとみなされ，割賦購入的なリース取引を割賦購入と同様に処理しようと試みたものであった。しかし，企業が資産を割賦購入などの手段によって所有する目的は，所有自体にではなく，使用収益をあげるための潜在用役の給付にある，という経済的実質に着目すれば，割賦購入説で資本化されるリース資産の範囲を割賦購入，または，それと近似効果をもつリース取引に限定することは妥当であるとは思えない。

結論として割賦購入論は，リース取引を未履行契約と認識したうえで，一定の条件を満たすものについては，経済的な実質優先思考にもとづき，例外的な履行契約とみなし，リース取引をあくまでも伝統的な取引概念のフレーム・ワークの中で，量的に拡大した範囲を設定することにより捉えようとしたのである[12]。

リース取引を実質的に割賦購入と同等に取り扱うという見解とは別に，リース取引資本化処理の論拠をリース取引が特殊な履行契約であり，財産使用権の取得取引である，という点に求める「財産使用権取得論」が1962年に発表された会計調査研究第 4 号（Accounting Research Study №. 4 ；以下，ARS 4 と略す）『財務諸表におけるリースの報告』のなかでJohn H. Myersによって主張された[13]。

　ARS 4 は，契約締結時点ではリース取引も未だ未履行契約であるという理由によって会計上の取引とは認識せず，リース資産の引渡し時点を初めて認識時点とみなし，履行という概念によってリース取引と他の未履行契約を区別する1つの手段として用い，一応両者を関連づけて資本化の論拠とする[14]。しかし，この主張も未だ伝統的な取引概念の量的拡大という範囲でリース資本化を論理づけようとしたものであり，結局は，未履行契約という大きな障害によりその論拠の妥当性を失ってしまったと考えられる。

　最後に，リース資本化の論拠を，リース取引が未履行契約であると認識したうえで，会計情報の有用性という観点から，取引概念を拡張することにより会計上の取引として認識することに求める「未履行契約取引論」がある。未履行契約取引論は，取引概念を現在の資産の受渡し時点から契約締結時点（約束の交換時点）へ拡張して，契約時点で生じる資産の権利と義務を，資産および負債として認識し，会計報告の対象としようと試みたものである[15]。

　このように，米国におけるリース資本化に関する議論は，割賦購入論から財産使用権取得論へ，さらには未履行契約取引論へとさまざまな視点から多角的に展開されたのである。その集大成として，SFAS13『リースの会計処理』という形でリース会計基準が制定されたのである。

2　米国の現行リース会計基準

　現在の米国におけるリース会計基準は，SFAS13の公表によって一応の決着を見ている。先程このSFAS13の思考を割賦購入説に区分されるとしたが，そこでは，どのようにしてリース取引をオン・バランス化したのであろうか。この点に関して具体的な考察を行う。

　SFAS13は，資本化すべきリース取引の要件として，具体的に次に掲げる4つの基準を提示している[16]。

a．リース期間の終了時点までに当該資産の所有権をレッシーに移転するリース取引。

b．割安購入選択権のあるリース取引。

ｃ．リース期間（割安更新選択権のある期間を含む）がリース資産の見積経済
　耐用年数の75％以上であること。

ｄ．最低リース支払額からレッサーが支払うべき管理費用部分を控除した金額
　のリース開始時点における現在価値が，レッサーにとってのリース開始時点
　における当該リース資産の公正価値から，レッサーが留保しかつ実現すると
　予想される投資税額控除した金額の90％以上であること。

　これらの要件に該当するものが，ファイナンス・リース取引として資本化処
理されるわけである。SFAS13は，実質優先思考を全面に押し出し，またこれ
を拡大解釈して，実質的に割賦購入と同等の用役を提供し，さらに同等の収益
を提供することができるという経済的な近似効果に着目したもの（割賦購入論）
であると解される(17)。

3　リース会計基準の国際的調和

　最近，特に民間企業における急激な国際化・グローバル化に伴って，会計基
準の国際化が要請されている。このような状況の中，リース会計基準について
も米国をはじめとするさまざまな設定主体が，積極的に基準作りに取り組んで
いる。

　現在，会計基準の国際化を体系的に行っている団体が，国際会計基準委員会
（International Accounting Standards Committee；以下，IASCと略す）で
ある。そこで，このIASCが公表している国際会計基準第17号『リースの会計
処理』（International Accounting Standards No.13；以下，IAS17と略す）を
中心として，米国および英国，さらにわが国の基準の体系を比較しながら，リー
ス会計基準の国際的動向について概観してみよう。

　IAS17ではリース取引を，ファイナンス・リース取引とオペレーティング・
リース取引の２つに分類し，リース物件の借手側と貸手側の双方から２種類の
リース取引の会計処理および開示について規定を行っている。そして，IAS17
では，ファイナンス・リース取引に該当するものを資本化処理することを要請
している。

　では各国の基準についてみてみると，米国にはFASBによるSFAS13『リースの会計処理』があり，英国では英国会計基準委員会（Accounting Standards Committee；以下，ASCと略す）[18]が公表した基準会計実務書第21号『リース契約および買取選択権付リースの会計』（Statements of Standard Accounting Practice No.21；以下，SSAP21と略す）が，さらにわが国には『意見書』がリース会計基準として制定されている。

図表 8 - 3　リース会計基準と設定主体

設 定 主 体	リ ー ス 会 計 基 準 の 名 称
I A S C	IAS17『リースの会計処理』（1982. 2 ）
米国；F A S B	SFAS13『リースの会計処理』（1976.11） SFAS13の改訂版（1990. 1 ）
英国；A S C	SSAP21『リース契約および買取選択権付リースの会計』（1984. 8 ）
企業会計審議会	『リース取引に係る会計基準に関する意見書』（1993. 6 ）

（出所）石川　昭・佐藤宗弥・田中隆雄編著『現代国際会計』税務経理協会，
　　　　1996年，p.153.

　では，これらの会計基準とIAS17の関係はどのようになっているのであろうか。それぞれの基準の内容を比較してみる限り，大部分で共通性を有しており，国際的調和がとれている。具体的には，米国ではすでに1976年からリース資本化基準を提示しているが，その後に公表された各基準についても経済的実質優先思考に立脚したリース資本化処理基準を採用しているのである。

　このように，リース会計基準に関しても，経済の国際化・グローバル化といった状況の中で，国際的に調和のとれた基準となっていることが理解できる。

第4節　わが国のリース会計基準

　1993年に『意見書』が公表されるまでのわが国のリース取引の会計処理は，1988年の商法計算書類規則の改正による，借手側のリース契約により使用する重要な固定資産の注記処理の範囲にとどまっていた。しかし，ディスクロージャーを重視する側面や会計基準の国際的調和といった潮流の中で，経済的実質面に重点をおくリース会計基準の設定が急務となっていた。

　このような状況の中で，1993年6月に企業会計審議会より『意見書』が公表され，これを受ける形で翌94年の1月に日本公認会計士協会からその実務指針となる『リース取引の会計処理及び開示に関する実務指針』（以下，「実務指針」と略す）[19] が公表されて，ようやくわが国のリース会計基準が体系化された。

　その後，2007年3月に企業会計基準委員会が「リース取引に関する会計基準」と「リース取引に関する会計基準の適用指針」を公表した。

　それでは，わが国に制定されたリース会計基準について，ファイナンス・リース取引を中心として，借手側と貸手側の会計処理を概説する。

1　リース取引の定義と分類

　わが国のリース会計基準は，リース取引を次のように定義している。

　「リース取引とは，特定の物件の所有権者たる貸手（レッサー）が，当該物件の借手（レッシー）に対し，合意された期間（以下「リース期間」という）にわたりこれを使用収益する権利を与え，借手は，合意された使用料（以下「リース料」という）を貸手に支払う取引をいう。」

　このようにリース取引を定義したうえで，ファイナンス・リース取引とオペレーティング・リース取引の2種類に分類している。

　まず，ファイナンス・リース取引とは，①リース契約にもとづくリース期間の中途において当該契約を解除することができないリース取引またはこれに準ずる取引で，②借手が，当該契約にもとづき使用する物件（以下「リース物件」

という）からもたらされる経済的利益を実質的に享受することができ，かつ，当該リース物件の使用にともなって生じるコストを実質的に負担することとなるリース取引をいう。①の前半部分は，リース契約にもとづくリース期間において中途解約ができないリース取引（ノン・キャンセラブル）を，また，後半部分の「これに準ずる取引」とは，法的形式上は解約可能であるとしても，解約に際し相当の違約金を支払わねばならないなどの理由から事実上解約不能と認められるリース取引を意味している。

　また，②は，物件の使用者がリース物件からもたらされる経済的利益，すなわち，当該リース物件を自己所有するならば得られると期待されるほとんどすべての経済的利益を享受することと，当該リース物件の取得価額相当額，維持管理費などの費用や陳腐化によるリスクなどのほとんどすべてのコストを負担すること（フルペイアウト）を示している。

　以上を要約すると，ファイナンス・リース取引の判定基準は，中途での解約不能，かつフルペイアウトを条件とするリース取引ということになる。これに対して，オペレーティング・リース取引とは，ファイナンス・リース取引以外のリース取引であり，取引の経済的実質が法的形式と同じように物件の賃貸借取引であるものをいう [20]。

2　ファイナンス・リース取引の会計処理

(1)　ファイナンス・リース取引の判定基準

　ファイナンス・リース取引は，解約不能でフルペイアウトを条件とするリース取引を指すが，解約不能リース取引に関しては，法的形式上は解約可能であっても，解約に際し相当の違約金（以下「規定損害金」という）を支払わなければならないなどの理由から事実上解約不能と認められるリース取引についても，解約不能のリース取引に準ずるリース取引として同様に処理を行うことになっている。

　また，フルペイアウトについては，当該リース物件を自己所有することにより得られると期待されるほとんどすべてのコストを負担するとして，リース物

件の使用にともなって生じるコストを実質的に負担することになる。要するに，リース物件から得られる利益と，それに伴うコストのほぼすべてが借手に帰属するものがこのフルペイアウトに該当するのである。またその判定は，リース料やリース期間をもとにして行われる。

　次に，具体的な判定基準について考察する。

　ファイナンス・リース取引に該当するかどうかの判定は，まず，リース取引を，①所有権が借手に移転する場合，②それ以外の場合に区分したうえで，次に示すリース契約の諸条件によって行うことになる。

　以下の条件に該当するリース取引は，所有権が借手に移転されると認められるファイナンス・リース取引と判定される。

a．リース契約上，リース期間終了後またはリース期間の中途で，リース物件の所有権が借手に移転されること。

b．リース契約上，借手に対して，リース期間終了後またはリース期間の途中で，名目的価額またはその行使時点のリース物件の価額に対して著しく有利な価額でリース物件を買い取る権利（割安購入選択権）が与えられており，その行使が確実に予想されること。

c．リース物件が，借手の用途などに合わせて特別の仕様により製作または建設されたものであって，当該リース物件の返還後，貸手が第三者に再びリースまたは売却することが困難であるため，その使用可能期間を通じて借手によってのみ使用されることが明らかなこと。

　さらに，上記以外の取引で，次の条件のいずれか1つに該当する場合には，所有権は移転すると認められないが，ファイナンス・リース取引に該当する。

a．解約不能のリース期間中のリース料総額の現在価値が，リース物件を借手が現金で購入すると仮定した場合の合理的見積金額（見積現金購入価額）のおおむね90％以上であること。

b．解約不能のリース期間が，リース物件の経済的耐用年数のおおむね75％以上であること。

　また，上記bの判定にあたっての留意事項として，(イ)維持管理費用相当額が

リース料総額に含めて計算できること，(ロ)借手の残価保証額をリース料総額に含めること，(ハ)貸手が製造業者または卸売業者の場合には，90％基準は現金販売価額を用いること，(ニ)現金価値算定の割引率は，借手の追加借入利率などを用いること，などを掲げている。

(2) 借手側の処理

ファイナンスリース取引は，売買処理されるので，借手はリース物件とこれに係る債務をリース資産およびリース債務として財務諸表に計上しなければならない。この場合のリース資産の取得原価算定については，リース料の総額とせずに，原則としてリース料総額からこれに含まれている利息相当額の合理的な見積額を控除する方法による。

① 所有権移転ファイナンス・リース取引

それではまず，所有権移転ファイナンス・リース取引について説明する。

a．リース資産とリース債務の計上価額

リース資産および債務の計上価額については，借手において当該リース物件の貸手の購入価額等が明らかな場合には当該価額を用い，購入価額が明らかでない場合には見積現金購入価額とリース料総額の現金価値のいずれか低い額を用いる。

b．支払いリース料の処理と利息相当分の配分

リース料総額は，利息相当額分（支払利息相当額）とリース債務の元本返済額部分とに分けて計算を行い，前者を支払利息として，後者をリース債務の元本返済として処理する。この場合の利息相当額の総額は，リース開始時におけるリース料総額とリース資産（債務）の計上価額との差額になる。

c．維持管理費用相当額の処理

維持管理費用相当額をリース料総額から区分経理する場合は，リース料総額から維持管理費用相当額の合理的見積額を差し引いた額を上記支払いリース料の処理にもとづいて処理する。この場合の維持管理費用相当額は，その内容を示す科目で費用に計上する。

ｄ．リース資産の償却

　リース資産の減価償却については，自己の固定資産と同一の方法により償却額を求める。この場合，経済的使用可能予測期間を耐用年数として用いる。

② 　所有権移転外ファイナンス・リース取引

　次に，所有権移転外ファイナンス・リース取引の売買処理について説明する。

　基本的には，所有権移転ファイナンス・リース取引と同様に，リース取引による賃借資産および債務を貸借対照表に計上する方法により処理する。

ａ．リース資産とリース債務の計上価額

　借手において当該リース物件の貸手の購入価額等が明らかな場合には，購入価額等とリース料総額のいずれか低い方の額により，購入価額等が不明な場合には，見積現金購入価額とリース料総額の現在価値のいずれか低い方の額で計上価額を決定する。

ｂ．支払いリース料の処理と利息相当額の各期への配当

ｃ．維持管理費用相当額の処理

　上記のｂおよびｃの処理に関しては，所有権移転ファイナンス・リース取引と同様に処理を行う。

ｄ．リース資産の償却

　リース資産の減価償却は，リース期間を耐用年数とし，残存価額をゼロとして償却費相当額を算定する。この場合の償却方法は，定額法，級数法，生産高，比例法などの中から，企業の実態に応じたものを選ぶ。

ｅ．リース期間終了時および再リースの処理

　リース期間終了時においては，リース資産の償却が完了し，リース債務も完済しているので，リース物件を貸手に返却する処理を除いて，特に会計処理を要しない。残価保証額がある場合で，不足額を支払う場合には，リース資産売却損等として処理を行う。

　また，再リース期間を耐用年数に含めない場合の再リース料は，発生時の費用として処理を行う。

ｆ．中途解約の処理

　リース資産の未償却残高をリース資産除却損等として処理する。また，リース債務未払残高（未払利息の額を含む）と規定損害金との間に差額があれば，支払額の確定時に損益に計上する。

(3) 貸手側の処理

　ファイナンス・リース取引は売買処理するので，貸手側も当該リース物件を借手に販売したものとして，通常の売買取引に係る方法に準じて会計処理を行う。したがって，貸手は当該リース物件を借手に引き渡した時点で，その代金をリース債権に産計上する。資産計上されるリース債権の計上価額の算定については，リース料総額から利息相当額の合理的な見積額を控除する方法による。これは，借手がリース債務に計上する価額の算定方法で，利息相当額を控除することに対応したものである。

　では，リース取引を所有権移転が認められる場合とそれ以外の場合に分けて，具体的考察を行う。

① 所有権移転ファイナンス・リース取引

　それでは，所有権が移転されると認められる場合の処理について説明する。

ａ．リース債権の計上価額

　リース債権の計上価額等は，リース物件の購入価額等（購入価額または現金販売価額）による。リース物件を借手の使用に供するために支払った付随費用がある場合には，これを加算して算定する。

ｂ．受取リース料の処理

　リース料総額に見積残存価額を加算した金額からリース債権の計上価額を控除した金額が受取利息相当額となる。これは貸手の売上総利益に相当する。したがって，受取リース料の会計処理には次のように，(イ)リース物件の売上高と売上原価とに区分処理する方法と，(ロ)リース物件の売買益等として処理する方法とがある。(イ)の方法では，受取リース料をリース物件の売上高として収益に計上し，これに対応する売買益相当額（利息相当額）を差し引いた額（元本回収額）をリース物件の売上原価に計上する。これに対して，(ロ)による方法は，受

取リース料を受取利息相当額（利息相当額）部分とリース債権の元本回収部分とに区分して計算し，前者をリース物件の売買益等として処理し，後者をリース債権の元本回収額として処理する。これらの場合における利息相当額の算定方法は，原則として利息法を用い，利率は貸手の計算利子率とする。

ｃ．維持管理費用相当額の処理

　リース料回収額に含まれる維持管理費用相当額を区分して会計処理する場合は，収益に計上するか，または貸手の固定資産税，保険料等の実際支払額の控除額として処理する。

②　所有権移転外ファイナンス・リース取引

　基本的には所有権移転ファイナンス・リース取引の処理と同様に，リース債権を貸借対照表に計上する方法で会計処理する。

ａ．リース債権の計上価額

ｂ．受取リース料の処理と利息相当額の各期への配分

ｃ．維持管理費用相当額の処理

　上記ａ，ｂ，ｃの処理に関しては，所有権移転ファイナンス・リース取引の場合と同様の処理を行う。

ｄ．リース期間終了時および再リースの処理

　リース期間が終了し，借手からリース物件の返却を受けた場合は，貸手は，当該リース物件を見積残存価額（残価保証額を含む）で貯蔵品・固定資産勘定等に振り替える。また，リース物件を処分した場合には，処分価額と帳簿価額との差額を処分損益に計上する。ただし，残価保証額がある場合は，借手から受け取るべき残価保証額はリース物件の処分損益に含めて処理を行う。

　また，再リースが行われた場合は，再リース料を収益に計上し，当該固定資産を再リース期間にわたって減価償却する。

ｅ．中途解約の処理

　リース契約が中途解約された場合に受け取る規定損害金は，上記受取リース料の処理に準じて会計処理する。

[注]

(1)　企業会計審議会第一部会『リース取引に係る会計基準に関する意見書』1993年 6 月
17日.

(2)　松田安正著『リースの理論と実務』商事法務研究会，1990年，pp. 5 - 6．古藤三郎
稿「リースの歴史－リース会計との関連において－」『経済と経営』，第 7 巻第 2 号，
1976年，pp.10-13.

(3)　AAA, *A Statement of Basic Accounting Theory*, 1966, pp.10-21.（飯野
利夫訳『アメリカ会計学会　基礎的会計理論』国元書房，1969年，pp.23-29.）

(4)　若杉　明稿「リース会計の理論的検討」『企業会計』，第42巻 1 号，1990年，pp.65-
66.

(5)　宮澤　清著『財務会計概念序説』白桃書房，1991年，pp.120-121.

(6)　AICPA, "*Basic Concepts and Accounting Principles Underlying Financ-
ial Statements of Business Enterprises.*", The Accounting Principles Boa-
rd Statement No. 4 , AICPA, 1970.（川口順一訳『アメリカ公認会計士協会　企業会
計原則』同文舘，1973年.）

(7)　中島省吾稿「リース会計と実質優先思考－国際会計基準公開草案に関連せしめて」
『企業会計』，第32巻12号，1980年，pp.13-15.

(8)　American Institute of Accountants, *Disclosure of Long-Term Leases in
Financial Statements of Lessees*, Accounting Research Bulletin No.38, Octo-
ber 1949. 嶺　輝子著『アメリカリース会計論』多賀出版，1986年，pp.52-58.

(9)　AICPA, *Reporting for Leases in Financial Statements of Lessee*, Acco-
unting Principles Board Opinion No. 5 , September 1964, par.10.（日本公認会計
士協会国際委員会訳『ＡＩＣＰＡ会計原則総覧』関東図書株式会社，1969年，pp.58-
59.）山田昭広『前掲書』pp.196-197.

(10)　AICPA, *Accounting for Leases in Financial Statement of Lessors*, Accounting
Principles Board Opinion No. 7 , May 1966, par. 2 .（日本公認会計士　協会国際委
員会『前掲訳書』　pp.256-258.）山田昭広『前掲書』pp.197-198.

(11)　加藤盛弘著『現代の会計原則〔改訂増補版〕』森山書店，1991年，p.150.

(12)　茅根　聡稿「リース会計情報の代替的開示方法に関するインパクトについて－ＦＡＳＢ
No.13の評価を中心として－」『早稲田大学・商経論集』，第47号，1984年，p.75.

(13)　Myers, John H., *Reporting of Lease in Financial Statements*, An Accounting
Reserch Study No. 4 , AICPA, 1962, pp.3-4.（松尾憲橘監訳・古藤三郎訳『アメリ

カ公認会計士協会 リース会計』同文舘, 1973年, p.6.）

⑭ 嶺 輝子『前掲書』pp.127-128.

⑮ 井尻教授は, 現行実務を改善する方法として, 3つのレベルを示している。それは①財の概念を変更すること, ②支配の概念を修正すること, ③認識規準を変更することの3つであるが, 教授はその中でも①と②に関してはそのままにしておき, ③の認識規準のみを変更することを示唆しておられる。つまり, それは主体の支配下にある財の将来の変化を認識する範囲を決定し, そこで認識されたものについてのみ会計の対象とするということである。井尻雄士著『会計測定の理論』東洋経済新報社, 1969年, pp.190-191. Wojdak, Josept F., "A Theoretical Foundation For Leases and Other Executory Contracts," *The Accounting Review*, July 1969, p.564.

⑯ FASB, Statement of Financial Accounting Standards No.13, "Accounting for Leases", FASB, November 1976, par.7. （日本公認会計士協会国際委員会訳『米国FASB財務会計基準書 リース会計・セグメント会計他』同文舘, 1985年, pp.9-10. 田中建二著『オフバランス取引の会計』同文舘, 1991年, p.55.）

⑰ 花堂靖仁稿「リース会計の視角」『企業会計』, 第30巻3号, 1978年, p.109.

⑱ 英国のASCは, SSAP21公表当時の設定団体であり, 1990年8月1日づけで会計基準審議会（Accounting Standards Board ; ASB）に組織替えしている。

　　詳しくは, 次の文献を参照されたい。

　　若杉　明編著『会計制度の国際比較』中央経済社, 1992年, 第2章.

⑲ 日本公認会計士協会会計制度委員会『リース取引の会計処理及び開示に関する実務指針』二の(1), (2), 1994年1月18日.

⑳ 加古宜士稿「リース会計基準をめぐる主な論点」新井清光, 加古宜士編著『リース取引会計基準詳解』中央経済社, 1994年, pp.7-8.

第9章　コンピュータ会計

第1節　会計情報システムの概念と構造

1　会計情報システムの意義と目的

　会計情報を作成する場合には，経済主体をめぐる各種利害関係者の保護を目的としたさまざまな会計制度の規制を受ける。しかし，このような規制の枠組みの中で作成された会計情報だけでは，将来の経営意思決定に役立つ有用な情報として活用できない。

　米国会計学会のASOBATでは，「会計は1つの情報システムである」との認識から，「会計は，情報の一般理論を能率的な経済活動を行うという問題に適用したものである。会計は，計数で表示した意思決定情報を提供するという一般情報システムの主要部分をも構成している。この点では，会計は，企業主体の一般情報システムの一部であるとともに，情報概念を背景とする基本分野の一部をなしている[1]。」として，今後の会計学のあり方を，情報科学の一環として会計システムと情報システムを結合した会計情報システム論に求めている。

　このように，会計を本質的に情報システムであるという前提から出発する会計情報システム論は，経営管理活動における諸問題を能率的に解決することを目的として，会計学に情報理論を導入したものである[2]。したがって，会計情報システム（Accounting Information System : AIS）は，「情報の利用者に対して，その意思決定に必要な会計情報を，適合性・適時性を保ちつつ効率的に提供するために，会計データを識別し，測定し，伝達する情報システム」と定義することができる。会計情報システムを会計理論と情報システムの関係からみると，図表9－1のように表現することができる。

166

図表9-1　会計情報システムの構成

会計理論よりの
アプローチ　　　　会　計
　　　　　　　　　システム　　会計情報
　　　　　　　　　　　　　　　システム　　情　報
　　　　　　　　　　　　　　　　　　　　　システム　　情報システム
　　　　　　　　　　　　　　　　　　　　　　　　　　よりのアプローチ

（出所）涌田宏昭著『会計情報システム入門』日本経済新聞社，1976年，p.31.

2　会計情報システムの体系

　会計は，その用途ないしは用法によって，財務会計と管理会計に区分される。
AIS は，「財務会計と管理会計がオンラインで接続され，他の非財務的インフォ
メーション・サブシステムとも統合[3]」されるように構築される必要がある。
よって，AIS は，企業情報システムにおける調整機能およびコントロール機
能をもつと同時に，意思決定支援機能をも備えたものでなければならない。

図表9-2　会計情報システム

| 報　告　書 | 利害関係者 |

会計事実 → AIS ←
　財務諸表などの
　計　算　書　類 → 外　部
　　　　　　　　利害関係者 → 外部報告
　　　　　　　　　　　　　会　計
　計　画・統　制に
　必要な報告書
　長期経営計画策定
　に必要な報告書 → 内　部
　　　　　　　　利害関係者 → 内部報告
　　　　　　　　　　　　　会　計

（出所）橋本義一・根本光明編著『図解 会計情報システム』中央経済社，1996年，
　　　　p.13より作成.

　以上のように，「会計情報システムは，１つの経営活動から得られるデータ

を会計的機構にかけて，会計情報として捉え，それを必要な地点に供給するという任務を遂行する[4]」ことにより，経営活動における価値の流れを測定し，利害関係者の意思決定に有用な情報として伝達しなければならない。要するにAISは，「利用者の情報要求を満たしうるような形で情報の提供を行うとともに，情報内容の有用性を高めるために，利用者から企業への情報のフィードバックを積極的に認める[5]」利用者指向型の会計思考を背景としている。

これまでの考察から明らかなように，AISには「外部の利害関係者の意思決定に対する情報ニーズとともに，経営管理者の意思決定に有用な情報ニーズに応える情報供給を目的[6]」とする統合的な情報システムが要求される。

第2節　会計情報システムと経営情報システムとの関係

では，次にAISの特質を明確にするために，AISは経営情報システム（Management Information System : MIS）とどのように関連し，結びつくかという問題について考察する。AISとMISの関係については，次のような見解がある[7]。

(1)　AISとMISとは交差しており，部分的に共通した領域を有するという見解。

これは，AISにはMISに含まれない固有の領域（財務会計的側面）が存在し，AISは情報システムの一部であり，MISと結びつかずにその下の段階に結合する部分があるとする考え方である。

(2)　AISはMISの中に包含されているという見解。

AISは経営情報の作成を目的とするので，MISのサブシステムの1つであり，すべてMISに含まれるという考え方である。

これらの見解を図示すると，図表9-3のようになる。

図表 9 − 3　AIS と MIS の関係 (1)

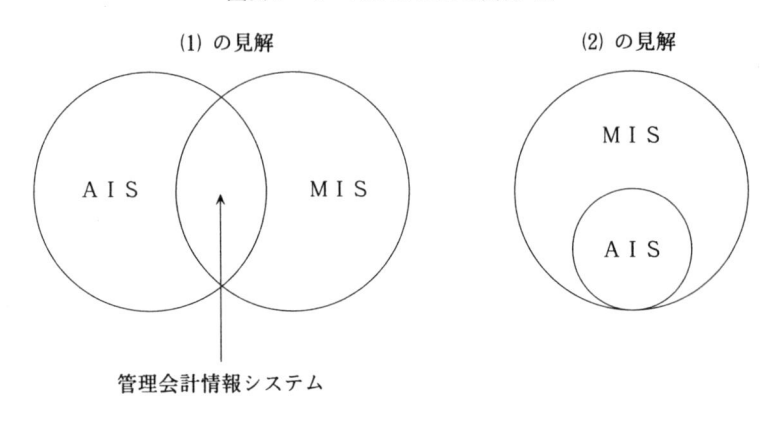

（出所）涌田宏昭著『会計情報システム入門』日本経済新聞社，1976年，p.32.

　上記の見解に対して，AIS と MIS の関係をもう少し発展的に捉える見解がある。この見解は，第 1 段階として図表 9 − 4 の①，そして②，③を経て最終段階として④トータル・システムと位置づける考え方である[8]。

　AIS と MIS の関係についていくつかの見解を概説したが，経営管理者の意思決定に有用な情報を提供するという立場から考えると，両者の関係においてAIS のサブ・システムである管理会計情報システムをどう位置づけるかが重要な問題となる。つまり，管理会計情報システムは，経営管理システムと結びついて，経営管理に有用な情報を提供するシステムだからである。

　従来，会計情報は，処理方法や活用方法によって財務会計のシステムと管理会計のシステムに区分されるが，財務データそのものはそれぞれのシステムにおいて同一である。したがって，管理会計情報システムでは，計数的に表された計画情報をもとに，実際の活動内容を明らかにし，統制の仕方を指示するが，その一部が財務会計情報システムへとつながっていく[9]。これら 2 つのシステムを，処理方式において区別し，情報システムの領域から一元的に把握することによって，統合的な AIS が構築可能となる[10]。

図表 9 － 4　AIS と MIS の関係 (2)

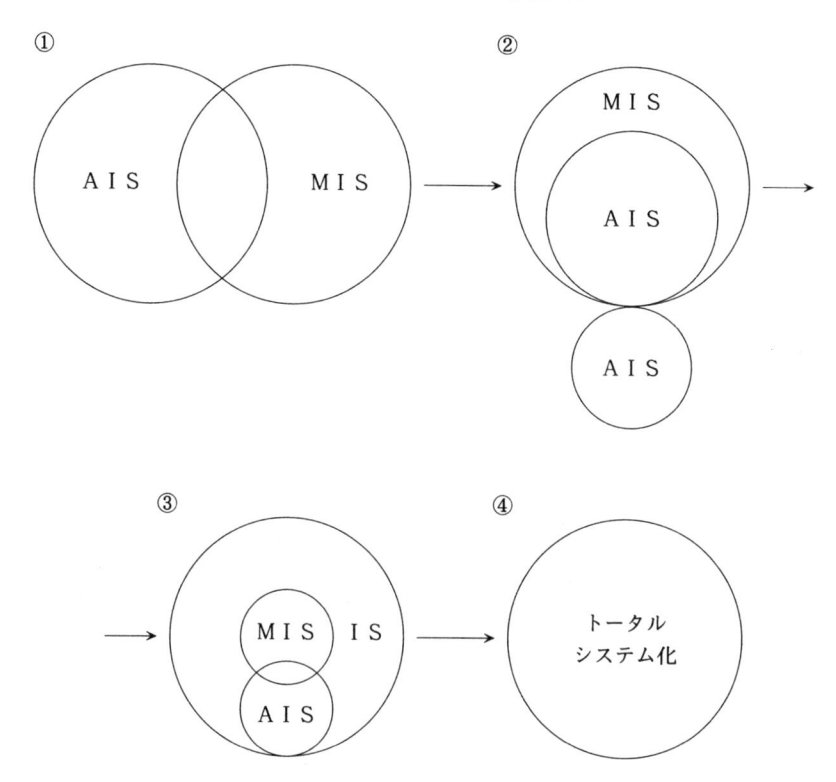

（出所）涌田宏昭著『会計情報システム入門』日本経済新聞社，1976年，p.33.

第 3 節　コンピュータ会計システムの意義と役割

　実際に AIS を構築するためには，コンピュータ技術の利用が不可欠の条件である。そこで，まずコンピュータ会計システムの概要について，手作業による会計処理と比較しながら考察する。

1 コンピュータ会計システムと手作業による会計の相違点

コンピュータ会計システムの役割は，コンピュータを利用することによって会計業務の目的をより正確に，そしてより迅速に行うことにある。伝票の起票，仕訳，分類，転記，集計などの会計業務を繰り返し手作業で行っていては事務量の負担が増えてしまう。このような作業はコンピュータを用いて処理すればかなり事務処理が軽減される。

会計業務を手作業で行う場合とコンピュータで行う場合の作業の流れを比較すると，次のとおりである。

図表 9 - 5　会計処理業務の流れ

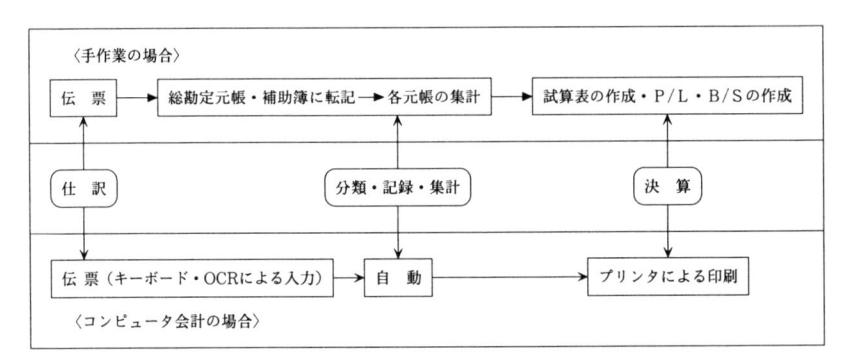

（出所）坂本・守矢・岩田編著『現代簿記テキスト』同文舘，1996年，p.233を修正.

手作業による会計では，伝票の起票後，総勘定元帳への転記や出納帳などの補助簿の記入や，各勘定科目ごとの集計を行って試算表を作成していく。これに対してコンピュータ会計システムでは，伝票の入力が完了すれば各帳票類が自動的に作成され，会計情報を画面表示で確認したりプリンタで印刷を行うこともできる。

(1)　手作業による会計

発生した取引は，原始証憑（領収書や納品書）から仕訳を行う。中小・零細企業では仕訳帳に記帳を行うが，たいていの企業は伝票（入金伝票，出金伝票，振替伝票）に起票する。次に仕訳を各総勘定元帳に転記する。この転記に際しては，転記する勘定科目や金額を間違えないように十分注意し，さらに転記漏れ

や二重転記を行わないように仕訳帳や伝票をチェックしなければならない（複写式の伝票で，1枚目の伝票は仕訳伝票とし管理し，2枚目の伝票は借方勘定の総勘定元帳とし，3枚目は貸方勘定の総勘定元帳として保管するような伝票会計方式もある）。さらに，このとき補助簿として管理している現金出納帳，売上帳や仕入帳，手形記入帳などにも記帳を行う。

このように記帳業務では，主要簿である伝票（仕訳帳）や総勘定元帳の作成，そして各補助簿の記入，さらに仕訳日計表の集計を行う。そして，一定期間（1カ月や1週間あるいは1年間）の集計を行うために試算表を作成する。試算表は総勘定元帳の金額を集計することによって，貸借金額の一致を確認を行う。転記ミスや計算違いがあれば，直ちに修正して再度試算表を作成する。また，各企業で独自の管理帳票（銀行別残高一覧表や個人別経費一覧表や部門別予算実績対比表など）を作成することもある。

(2) **コンピュータによる会計**

コンピュータで会計処理を行う場合，会計業務のすべてが機械化できるわけではない。コンピュータ会計処理の流れは次のようになる。

① 伝票（仕訳の作成）からコンピュータ会計システムへの伝達

コンピュータは自動的に仕訳を認識できないので，伝票は手作業の場合と同じように起票する。手作業による伝票の起票は，担当者本人の筆跡，上司の承認印などの検証が容易でチェックしやすいことや，コンピュータに入力しにくいメモ的な情報も記入しやすいのでコンピュータ会計処理を行う場合にも起票する。

ところが，コンピュータ会計でも伝票と同じ形式で作成できるので，中小・零細企業の場合や経理担当者が上司の承認などを必要としない場合には，原始証憑から直接コンピュータに入力することも可能である。またコンピュータ会計システムには，伝票ではなく出納帳を作成（出納帳形式で取引の入力）して，そのデータから仕訳に展開できるタイプもある。この機能が備わっていれば，個人企業や中小・零細企業などでも気軽にコンピュータ会計システムを導入することができる。

② コードによるコンピュータ入力

　コンピュータ会計システムを導入することによってより効率的に会計処理を行うために，勘定科目などについてコード化が行われる。コード化しておけば，数字を打ち込むだけの簡単な入力作業となり，必要に応じてカナや漢字を用いればよくなる。

③ ディスプレイおよび印刷帳票の会計帳簿

　コンピュータ会計システムにおいては，集計のための積上げ方式といった中間集計値はまったく必要がない。転記・集計業務はすべてコンピュータが行うからである。つまり，入力が行われると直ちに総勘定元帳や試算表などの会計帳簿が自動的に作成される。必要な会計帳簿はコンピュータのディスプレイに表示するか，あるいはプリンターに印刷することにより内容確認ができる。プリンターに印刷された会計帳簿は，印字も見やすく保管も容易である。

④ 検索・並べ替え機能

　一度入力した会計データは，コンピュータ内部で配列順序を置き換えたり，必要なデータの検索が行える。手作業の場合は一連の記帳は発生順に行われ，過去の誤りを修正したりするとその時点からすべての情報に修正が必要となるが，コンピュータは検索・並べ替え・結果の再計算なども自動的に行われるので便利である。

⑤ 管理資料としての帳票作成

　業務管理の目的で作成される会計帳簿もデータの入力と同時に完了する（勘定推移表，勘定明細表など）。また，企業の一決算期間だけでなく過去数期分と比較して経営分析に役立つ内容を帳票としてディスプレイで見たり印刷することも可能である。

2　コンピュータ会計システムの特徴とメリット

　コンピュータ会計システムの特徴は，給与管理や在庫管理などの業務別情報システムから財務会計情報を抽出し，会計システムに取り込む点にある。

図表 9 − 6　　財務会計システムの流れ

給与管理システム	在庫管理システム	固定資産管理システム
受注システム	売掛金管理システム	買掛金管理システム

財務会計システム

　このように1台のコンピュータで「給与管理」「販売管理」「在庫管理」「固定資産管理」などの複数の業務を処理し，財務会計情報を財務会計システムに集約できるので，'情報の集中管理'と'データの均一化'が可能となり，事務の合理化や省力化が図れるといったメリットを享受できる。

　さらに，コンピュータ会計システムでは，これまで手作業で行ってきた膨大な量の会計事務を非常に速く，そして正確で簡単に処理できる。手作業では消費税の税込みや税抜き計算などを行うときに電卓ミスや転記ミスといったケアレスミスもあったが，コンピュータ会計システムでは入力ミスさえなければ間違うことはない。コンピュータ会計システムでは，税抜きでも税込みでも税額は自動計算することが可能なので，正確な帳票をスピーディーに作成できる。

　経営管理に必要な情報をタイムリーに収集できる体制も整備されている。大量のデータを記憶し，指示に従った集計・作表を行えるので，経営管理に役立つ有効な資料を提供することができる。過去の資料の一覧性という点やデータの検索という点でも，コンピュータは手作業の限界をはるかにこえている。

　さらに手作業による処理では，担当者の適性・能力などによって業務が専門化してしまい閉鎖的になりがちなので，継続性・安定性・一貫性を重視する会計業務では，会計処理をコンピュータ化して業務を標準化する必要がある。

　コンピュータ会計システムで重要なことは，会計データをコンピュータへいかなる方法で伝達するのか，また帳簿組織をどのように組み立てるのかの2点に集約される。

(1) 会計データの伝達方法

コンピュータへ入力される会計データは正確でなければならない。会計データはその会社が妥当な会計業務を行っているかを証明できる根拠となるからである。

(2) 会計帳簿組織の組立て

会計帳簿は複式簿記の原則に従って作成された正確なものでなければならない。コンピュータを利用したからといって，この点が緩和されるわけではない。コンピュータ会計システムでは，手作業で簿記用ノートに記録し，必要なときにページをめくるという一連の処理がコンピュータの記憶媒体（ハードディスクやフロッピーディスク）で保管される。ディスプレイに映したり，印刷したりという方法に移行してしまうのである。コンピュータを利用する場合でも簿記会計の目的を充足・維持できるように帳簿組織を組み立てなくてはならない。

第4節　コンピュータ会計システムの導入プロセス

手作業で会計業務を行う場合は，帳簿に勘定科目を記入したり繰越金額を記入するといった作業を行う。また，伝票の準備や科目印の作成，さらに伝票の起票に関して取り決めを行うなどの準備作業も行わなければならない。

コンピュータ会計システムの場合でも，伝票入力のために，ある程度の環境整備が必要となる。

1　ハードウェアの用意

まず，必要なコンピュータを確認する。

(1) コンピュータ本体

現在普及している個人向けのコンピュータは，性能の進歩が目覚ましく企業の業務にも問題なく使用されているので，それを流用してもよい。その場合は，企業にとって大切な会計データを扱うので，セキュリティをしっかりと確保された状態での使用が大切である。

(2)　キーボード

　コンピュータ会計システムを利用する場合，その作業の大部分が数値入力なので，数字キー（テンキー）がついているキーボードを選択する。もし，ノートパソコンなどを利用している場合は，別途テンキーを用意することが望ましい。

(3)　ディスプレイ

　会計データを入力したり，会計帳簿などを出力するのに欠かせないのがディスプレイである。ディスプレイの選定基準は，解像度とインチサイズに着目するとよい。まず解像度であるが，解像度が高ければ高いほど表示される範囲が広くなるので，たとえば，試算表の期間比較したいときや2つ以上の元帳を見たいときなどに便利である。インチサイズは解像度に合ったものを選びたい。なぜならば，解像度が同じ場合はインチサイズが小さいものだと，表示される範囲は同じでも文字が小さくなるのでその分見間違いなどが起こりやすい。15インチのディスプレイであればXGA規格（1024×768）が，そして，17インチのディスプレイであればSXGA規格（1280×1024）が比較的安価で入手しやすい。

(4)　記憶装置

　会計システムの運用に際しては通常ハードディスクを用いる。しかし，運用上の安全性などを考慮して，データのバックアップ用として外部記憶装置も合わせて用意した方がよい。外部記憶装置の種類としては，フロッピーディスクやCD-R/RW，MO，ICメモリーカード，USBメモリ，外付けのハードディスクなどのドライブがある。

(5)　プリンタ

　元帳を連続帳票で利用したい場合や複写式のものを使用する場合には，業務用などで普及しているレーザープリンタではなく，インクリボンを細かいピンの集まりで叩いて，同時に2・3枚印字できるドットプリンタを利用する方が効率がよい。

(6)　ネットワーク

　複数の人が会計データを利用したり，帳簿を入力する場合は企業内でLAN（Local Area Network）を構築して，それぞれのパソコンからアクセスできる

ような装置もしくは環境を準備しておく。そのときの注意点として会計システムにパスワードなどでアクセス制限を設けて，利用者を出力するだけの人と入力もできる人とに分けるようにする必要がある。

2 ソフトウェアの準備

ハードウェアの環境が準備できたら，次にソフトウェアを準備しなければならない。一般的に経理業務でコンピュータを利用する場合，会計ソフトだけではなくワープロや表計算ソフト，データベースソフトなどを利用したり，業務用とし給与計算ソフトや販売仕入管理のソフトも頻繁に利用される。しかし，一度にすべてをコンピュータ化しようとすると，思ったように稼働しないこともあり得る。したがって，計画的に導入していくことが重要である。

また，ソフトウェアを選定する場合，自社独自で開発を行うか，ソフトウェアの開発会社に開発を委託するか，すでに完成されているパッケージソフトを購入するか，といった判断が必要となる。

会計用ソフトウェアの場合は，販売管理や在庫管理などの業務用ソフトウェアと異なり，法規などで会計業務の基本的な体系が決まっているので，業種や企業によって大きく異なることはない。また，現在では多くのパッケージソフトが販売されているので選択肢も豊富で，柔軟性にも優れているなどの理由から，パッケージソフトを導入するケースが多いようである。

(1) 会計ソフトウェアの選定

パーソナルコンピュータ用の会計ソフトは，主に個人事業主を対象としたものから中小企業，さらにはERPシステムの導入を視野に入れているような企業を対象としたものまで幅広くあるので，会計ソフトを導入する場合は，自社の規模やこれからの方向性などをよく考えなければならない。さらに，用意したハードウェアがその使用に耐えられるかにも注意する必要がある。また，最近ではネットワークやブロードバンドに対応した会計ソフトもあるので，自社の環境に適合したソフトウェアを選定する。

代表的な会計ソフトのスペックを比較すると，一般的に下記の図表9−7の

図表9−7　会計ソフトのスペック比較

①会計ソフト名	PCA会計　DX ピーシーエー(株)	弥生会計　19 弥生会計(株)	勘定奉行　10 オービックビジネス コンサルタント(株)
②対応機種			
CPU	Pentium(R) 4以上必要　Xeon以上を推奨 または同等の互換プロセッサを搭載したサーバー	インテル Core 2 Duo以上または同等の性能を持つプロセッサ	インテル Pentium 4 3GHz以上 （推奨：インテル Core 2 Duo 2GHz以上） または同等の互換プロセッサ
OS	Microsoft(R) Windows Server(R) 2016 Microsoft(R) Windows Server(R) 2012 または R2以降 Microsoft(R) Windows Server(R) 2008 SP2 または R2以降	Microsoft(R) Windows(R) 10/8.1/7 （Windows RT8.1 / 7 SPなしは除く）	Windows 10 Windows 8.1 Windows 7 (Service Pack 1 以降) （各日本語OSの64ビット版 (x64)，32ビット版 (x86) に対応，Windows RTには対応していない)
メモリ	1GB以上必要　4GB以上を推奨	2GB以上（64ビット）／1GB以上（32ビット）	1GB以上（推奨：2GB以上）
ハードディスク	プログラムインストール時に300MB以上，「SQL Server」上のデータとして100MB以上必要 「SQL Server」のプログラム用にシステムドライブ（OSがインストールされているドライブ）に約6GB以上必要 .NET Framework4.6のインストールにさらに4.5GB以上必要	必須空き容量 400MB以上（データ領域は別途必要）	1.4GB以上必要 （データは除く）
ディスプレイ解像度	1024x768〜1920x1080ドットハイカラー以上を推奨（表示サイズ 100%）	本体に接続可能で，上記OSに対応したディスプレイ 解像度：1024×768以上必須／1280×768 (WXGA) 以上，High Color (16ビット) 以上を推奨	横 1024 × 縦 768 以上を推奨
③処理件数			
会社数	9,999件	制限なし	9,999件
総勘定科目数	制限なし	制限なし	1,000科目
補助科目数	制限なし	制限なし	9,999科目
部門設定数	制限なし	制限なし	9,999件
金額	仕訳　11桁 集計　12桁	+11桁，−10桁 集計　12桁	仕訳　12桁 集計　15桁
④入力形式			
	振替伝票入力 帳簿入力 現金出納帳入力 預金通帳入力 取引合計入力	振替伝票 出金伝票 入金伝票 仕訳日記帳 現金出納帳 預金出納帳 売掛帳 買掛帳 総勘定元帳 補助元帳	仕訳伝票入力 仕訳帳入力 現金出納帳入力 預金出納帳入力 元帳入力

③処理件数			
会 社 数	9,999件	制限なし	9,999件
総 勘 定 科 目 数	制限なし	制限なし	1,000科目
補助科目数	制限なし	制限なし	9,999科目
部門設定数	制限なし	制限なし	制限なし
金 額	仕訳　11桁	仕訳　＋11桁，－10桁	仕訳　12桁
	集計　12桁	集計　12桁	集計　15桁
④入力形式			
	振替伝票入力 帳簿入力 現金出納帳入力 預金通帳入力 取引合計入力	伝　　票 仕訳日記帳 帳　　簿 元　　帳	仕訳伝票入力 仕訳帳入力 現金出納帳入力 預金出納帳入力 元帳入力

ような特徴がある。

(2) オペレーションシステム（OS）

　パッケージソフトウェアを利用するにはオペレーションシステム（OS）が必要となる。代表的なMS Windowsについても，ハードウェア購入時にすでにインストールされているもの，別に購入しなければならないものがある。また，日本語入力するために「フロントエンドプロセッサ（FEP）」と呼ばれるソフトウェアも必要である。これは，オペレーションシステムの中にも含まれているものや，別のワープロソフトの日本語入力環境を利用することもできる。

3　ソフトウェアのインストール

　ソフトウェアを，コンピュータ（特にハードディスク）に登録することをインストールという。コンピュータ会計システムのソフトウェアは，豊富な機能をもつため大きなプログラムが多く，ハードディスク専用のタイプもある。フロッ

ピーだけで運用できるタイプもあるが，処理速度が遅いため，ハードディスク
で使用できるものを選択した方がよいであろう。会計用のパッケージソフトウェ
アの場合，どの種類も簡単にインストールできるコマンドが用意されているの
で，マニュアルをよく読み実行する。インストールするコンピュータが，他の
ソフトウェアを利用している場合，コンピュータの利用環境が異なることがあ
るので注意が必要である。

4　導入時の処理

　ソフトウェアをインストールしたらすぐ仕訳入力ができるわけではない。ま
ず，導入に必要な情報を入力する必要がある。この導入準備作業を，導入処理
または，前準備処理，初期登録処理という。

　必要となる主なデータは，次のとおりである。

(1)　会社の基本情報

　　会社名・会社の住所・代表者の氏名・会計期間など。

(2)　勘定科目名の登録

　　基本的な勘定科目は設定されているので，独自に処理したい勘定科目の
　　追加を行う。

(3)　補助科目／部門科目の設定および登録

(4)　開始時の残高の入力

(5)　コンピュータの環境設定

　プリンタの設定などハードウェアの環境を設定する。なお，すべての項目を
導入時点で決定する必要はなく，導入後でも追加や変更することが可能である。
ただし，修正できないデータもあるので，十分注意する必要がある。

　開始残高の入力は，コンピュータ会計システムを利用し始める直前の勘定科
目の残高である。これを開始残高というが，会計期間の期首に導入した場合
（たとえば4月1日から3月31日を会計期間とする会社が4月1日より導入）と期中に
導入する場合は必要な勘定科目の残高が異なる。

> 期首に導入する場合 ＝ 貸借対照表の勘定科目の残高
> 期中に導入する場合 ＝ 貸借対照表と損益計算書（製造原価報告書）の残高

　このように，期首に導入を行う場合の方が比較的容易に導入することができる。しかし，コンピュータ会計システムの場合，導入時点で開始残高が明確になっていなくても導入後に開始残高の登録や修正ができるので，導入時の処理として絶対条件というわけではない。

　コンピュータ会計システムの導入時の処理として，会社の基本情報と開始残高について説明したが，もっとも重要なことは，「どういう会計システムにしたいのか」，「どういう管理帳票がほしいのか」といったコンピュータ会計システムの導入目的である。コンピュータ会計システムのメリットについてはすでに述べたが，コンピュータ会計システムでは，集計・検索の機能を用いて，主要簿（仕訳帳（伝票），総勘定元帳）や財務諸表以外にも多くの管理帳票を作成できるので，これを明確にするとともに必要な情報を登録しなければならない。たとえば，勘定科目の明細として，補助科目を設定したり，損益を部門管理するための部門の設定などがこれに該当する。

> 　補助科目の設定－売掛金勘定の明細として得意先名ごとの補助科目
> 　　　　　　当座預金勘定の明細として銀行別の補助科目など
> 部門の設定－各損益勘定を第1営業部，第2営業部等各部門に設定

　以上のように，コンピュータ会計システムを導入する場合には，導入目的から，補助科目や部門などを明確にし，会社基本情報や開始残高などの登録を行うことが重要となる。

図表9−8　財務会計ソフトの入力画面

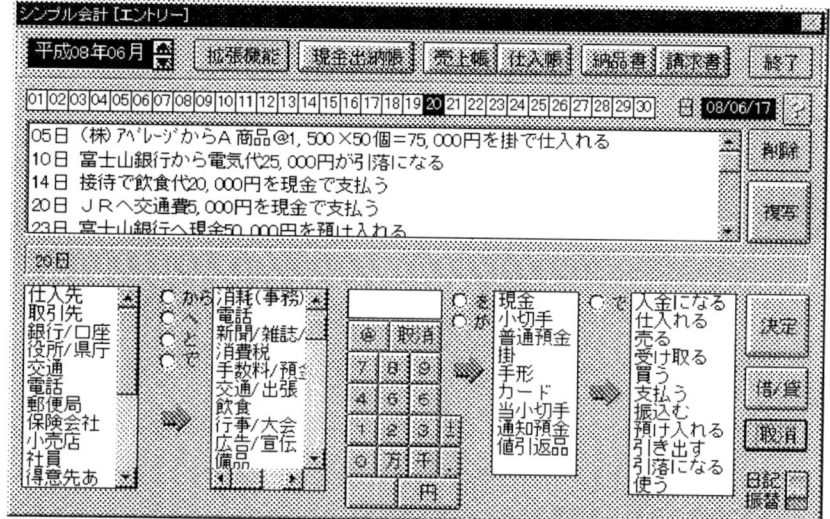

（資料）「シンプル会計・エントリー版」日本コンピュータシステムサービス株式会社。

第5節　コンピュータ会計の操作方法

1　伝票入力

　コンピュータ会計システムは，伝票を入力する作業から出発する。ソフトウェアの種類によっては，出納帳（現金出納帳や普通預金出納帳など）などの帳簿を入力すると，自動的に仕訳として認識する形式のものもあるが，いずれにせよ仕訳の入力が第1歩である。

(1)　コードによる勘定科目の入力

　コンピュータ会計システムでは，勘定科目をコードで入力できるものが多い。コード入力の方が操作性において優れているからである。どの勘定科目がどのコードかをガイダンスしてくれる機能があるので，特に覚える必要はない。また，勘定科目のみならず摘要に入力する内容もコード化できるので，頻繁に使

う摘要はコード化しておくと便利である。

(2) 仕訳のパターン登録

仕訳のパターン登録では，頻繁に発生する仕訳や貸借や金額がわかりにくい仕訳を登録することができる。

例：給与支給の仕訳，借入金返済の処理（元金一定返済）

これら登録した仕訳をその処理内容や摘要語で登録し呼び出すことができるので，簿記知識が不十分な担当者でも処理することが可能である。

(3) その他入力サポート機能

コンピュータ会計システムでは，入力の環境の操作性を高めるため，伝票入力中でも総勘定元帳や試算表を確認したり，過去の伝票を参照したり多くの機能が準備されている。

(4) 管理資料作成の入力

コンピュータ会計システムで多くの経営管理資料が作成できることは説明したが，そのために必要な入力もある。たとえば予算管理を行うなら，予算額の入力，経営分析のための過去データの入力などが必要となる。

(5) 消費税の処理機能

日々の起票や入力において非常に煩雑な処理は消費税の取り扱いである。コンピュータでは，税抜や税込の金額の計算や仮払消費税勘定や仮受消費税勘定への税額の振替が自動で処理できるし，消費税申告に必要なデータをアウトプットすることもできる。

2 帳票の出力

コンピュータ会計システムの最大のメリットは，仕訳の入力と同時に，総勘定元帳や試算表などを出力可能なことである。ディスプレイ上でもほとんどの出力帳票を参照できるし，管理用や報告用として印字することもできる。

コンピュータ会計システムを導入するとペーパーレス（紙を使用しない）が実現できると考える人もいるが，現実には帳票は印字した方が便利なので，完全なペーパーレスなど存在しない。ただし，注意しなければならないことは，コ

ンピュータはいろいろな管理帳票を簡単に作成してくれるので，むやみやたらと印字するとペーパーレスどころか帳票の山に埋もれてしまう。したがって，必要な帳票を必要な時期に計画的に印字することが重要である。

3　期中の会計処理

　期中の会計処理は，会社の規模や処理体系によって異なるが，日々伝票の入力を行わなければならない。重要なことは，単に伝票を入力すればよいのではなく，入力された伝票を効率よくチェックし，入力漏れや誤入力がないように確認する。会計システムは，多くの管理機能を有しているが，入力された伝票が間違っていては正確な経営判断ができなくなる。

4　データ処理

(1)　バックアップ

　会計データは大変重要なものである。十二分に注意してデータ管理をしなければならない。また，ハードディスクやフロッピーディスクは，消耗品なので絶対に安全というわけではないので，もし壊れてもデータの保障はされない。データは，必ず二重以上の管理をする必要がある。つまり，データを通常ハードディスクで管理しているのなら，ハードディスクとフロッピーディスクによる二重管理を行い，フロッピーディスクで運用しているのなら，運用のフロッピーディスクとバックアップ用の予備のフロッピーディスクでの管理が必要である。

　会計システムのソフトウェアは，簡単にデータバックアップがとれるメニューが準備されているので，これを実行する。

(2)　機密保護

　会計システムは，誰でも自由に閲覧でき社員全員で共有するというものではない。さらに，誰でも自由に操作できるとデータの信頼性も失われてしまう。よって，会計システムのソフトウェアは，ある程度の機密保護が必要となる。

　「経理用のコンピュータは経理の人以外誰も使わない」という環境も考えられるが，会計システムのソフトウェアの中には暗証番号を設定できるものがあ

るので安全性は確保される。

第6節　コンピュータ会計システムの必要性

　通常，会計業務は専門領域の煩雑な処理が必要となるため，専門的な分野として位置づけられ，一定水準の専門知識が要求される。そこで，自社の財務状況を適正かつタイムリーに把握できる会計システムを構築・整備するために，コンピュータ会計システムを活用した会計情報システム導入の拡大について考察する。

　コンピュータ会計システムは，従来の手作業による帳票などの作成手続きと比べ，正確かつ迅速に，そしてより平易に会計処理業務を行うことが可能である。さらに，日常の会計業務を行いながら業務内容を習得できるといった会計および情報の教育効果も期待できる。つまり，コンピュータ会計システムを導入すれば，教育と実務の効率化の両面から情報化社会に適応した経営管理水準を高めることが可能となる。

　コンピュータ会計システムを導入する際の留意点を提示すれば，以下のようになる。

①　導入の対象となる企業の会計知識とコンピュータ操作技術のレベルを正確に認識すること。

②　現状のレベルを踏まえて導入後の教育目標を設定し，適切な会計ソフトの選択を行うこと。

③　会計ソフト導入後の円滑な業務推進のために知識レベルに応じた教育計画を立案すること。

　本節の課題は，以上の諸点を踏まえ，コンピュータ会計を導入し，会計システムを情報化して経営管理水準の向上を図る点と，会計システム教育の効果について分析・検討することにある。

1 会計処理能力のランクづけ－能力分析

まず会計情報システム構築の第1段階として上記①で提示した企業の会計処理能力の分析と，②のコンピュータ操作能力について分析を行う。そして最終的に，これらを総合した能力のランクづけを行っていく。

⑴ 会計処理能力の分析

会計処理業務は，通常，図表9－5で示すような流れで行われる。ここでは，対象企業をサービス業系中小企業に限定して，企業の会計処理能力の分析を行う。

図表9－5で示した流れから会計処理能力の分類を行うと，大きく次の5ランクに分けられる。

① 例外的初級レベル

まったく自社で会計処理を行うことができない。外部の職業会計人（公認会計士・税理士）にほぼすべての会計処理を委託する。

② 初級レベル

現金出納帳や普通預金出納帳の帳簿類の作成はできるが，それ以外の処理は外部に委託する。

③ 中級レベル

伝票の作成まではできるが，それ以降の集計業務は外部に委託する。

④ 上級レベル（自計化済み）

帳票まで作成でき，自計化されている企業で，監査のみを外部に委託する。

⑤ 例外的上級レベル（職業会計会社等）

すべての会計処理を完全にこなし，他企業の会計処理をも行う。

⑵ コンピュータ操作能力の分析

次に，企業のコンピュータ操作能力（情報処理能力）について考察する。

会計処理ソフトは，比較的操作性に富むアプリケーションに属している。つまり，日付・勘定科目・金額・摘要などの諸項目はすべてコード化入力ができるよう設定されているため，大部分の操作がテンキーで行えるのである。中にはフルマウスオペレーションシステムや通信によるリモートオペレーションが

可能なものもある。

　会計処理ソフトを活用するためのコンピュータ操作能力は，次の3段階に分けられる。

①　初級レベル

　パソコンをほとんど使用したことがない。

②　中級レベル

　何らかのアプリケーションソフト（ワープロを含む）を使用することができる。

③　上級レベル

　日常業務におけるパソコンの使用に関して何の問題もない。

　(3)　**総合的なランクづけ**

　上記の結果をそれぞれ縦軸と横軸にとり，総合的な能力ランク表を作成すると図表9－9のようになる。

図表9－9　総合的能力ランク

コンピュータ レベル 会計レベル	① 初　級	② 中　級	③ 上　級
①　例外的初級	A－1	A－2	A－3
②　初　　　級	B－1	B－2	B－3
③　中　　　級	C－1	C－2	C－3
④　上　　　級	D－1	D－2	D－3
⑤　例外的上級	E－1	E－2	E－3

2　ランク別の会計処理ソフトの選定と利用方法
　－コンピュータ会計システム導入による教育効果

　ここでは，総合的能力ランクをもとに，ランクごとの特徴と問題点，適合した会計処理ソフトのタイプの選定，さらに教育効果について説明する。

①　Aランクに属するもの

　会計知識やコンピュータの操作能力が低いレベルのこのタイプには，会計処

理・コンピュータ操作の双方に関してもっとも平易なソフトを導入する必要がある。会計処理面については，勘定科目や貸借の区別をせずに操作できる文章入力タイプのソフトが最適であろう。操作面でも初期設定さえ行えば後は該当するセンテンスを選択するだけで入力可能なタイプのものが好ましい。

　教育効果については，上記のタイプのソフトを用いれば取引を文章入力できることから，瞬時に仕訳などを表示することが可能なため，日常業務を行いながら同時に教育も行えるといった点が期待される。また，試算表などの帳票類も集計印刷されるので，帳簿体系が理解しやすくなる。

　このような操作環境が整備されれば初歩的なＯＳなどの操作を習得できると同時に，会計教育の効果も期待できる。

②　Ｂランクに属するもの

　会計の知識レベルとしては，現金出納帳などの基本的な帳簿の作成が可能なレベルなので，ソフトウェアは帳簿入力形式のものが適している。

　このランクの中で比較的知識レベルの低いＢ－１クラスの場合，財務コンピュータの提供を専門に行っている機関のシステムを利用すれば，データ入力後，瞬時に通信回線で自動的にデータ送信ができ，監査を受けることができるので，会計教育の成果もあげられる。また，伝票作成システムを有するソフトを利用すれば，平易な操作（印刷を指示するのみ）で伝票がアウトプットされるので，出納帳や伝票との関係，さらには作成方法に関する教育が行える。

　操作面についても，Ａランクと同様の効果が期待できるが，財務会計ソフト専用機種の場合，独自のマシンとＯＳを使用するので，特定ソフトの利用方法しか習得できないといったデメリットが考えられる。つまり，操作やデータ保護などの実務知識の習得面では優れているが，情報処理教育の観点からの効果は低いといえよう。

③　Ｃランクに属するもの

　伝票の作成は可能であるが，コンピュータ操作に問題のある場合は，ＯＣＲ系会計処理ソフトが適している。この場合，スキャナーなどの外部装置が必要となるので，初期段階ではそれらを起動させるための専門的な知識を要する。

しかし，この段階をクリアすれば，データ入力作業を含めたコンピュータ操作が軽減できる。

その反面，現段階ではＯＣＲで手書き伝票を正確に入力できる保証がないため，入力されたデータと伝票との相互チェックを行わねばならない。このタイプは，あくまでも操作に問題のあるユーザー向きであり，会計教育の効果は期待できない。

また，Ｃ－2やＣ－3レベルであれば，たいていの財務会計ソフトの操作が可能であると思われる。特に会計教育面を重視する場合には，仕訳例や解説などが充実したものを選択すれば，それらをいろいろなケースでタイムリーに利用することが可能になり，会計知識の理解がより一層深まるであろう。

④　Ｄランクに属するもの

このレベルは，会計知識の面でかなりの水準を有しているので，勘定科目や摘要などのすべてがコード入力可能な会計処理ソフトが適している。このタイプは，会計処理だけでなく，税務・会計情報分析に連動できるので効率が良く，内容が充実している。また，上記の利点に加えて，販売システム，給与計算などの関連ソフトと併用することによって，経営事務管理全般の知識を業務を行いながら習得できる。つまり，会計領域以外の教育も可能となる。

⑤　Ｅランクに属するもの

このレベルは，専門的に会計処理業務を行っているので，競争力の維持のためにパソコンを活用した効率的な会計処理が不可欠となる。機能や帳票類のオプションが多様な効率性と操作性を重視したものを選択すればよいであろう。

昨今の会計業界の現状は，会計教育の普及やレベルアップ，コンピュータの普及，さらには会計処理ソフトの氾濫などの諸要因から，従来の業務を拡張しより高度な分析が求められている。このようなビジネスサポートの面からもコンピュータ会計の導入が不可欠であり，それらを基礎とした新規業務の構築が要請される。

3　会計処理ソフト選定・導入時の留意点

会計処理ソフトを選定する場合には，次に掲げる2つのアプローチが考えられる。

(1)　会計レベルからのアプローチ

● 文章入力タイプ

● 帳簿入力タイプ

● ＯＣＲタイプ

● 仕訳入力タイプ

(2)　コンピュータレベルからのアプローチ

● パソコンタイプ

　　ーマウスクリック型

　　ータイプ入力（テンキー）型

● 専門メーカ機タイプ

以上のように類型化されるが，会計処理面と会計教育面の双方を重視するならば，複数の入力機能を有し，文章入力タイプでマウスクリック型のものを選定しておけば，企業の成長性に応じて入力方法の設定が変更できるといった利点がある。

会計処理ソフトを選定・導入するうえでもっとも重要なことは，初期導入段階でいかにスムーズに経営システムに定着させるられるかという点にある。つまり，初期設定とシステム構築が十分に行われていなければ，会計処理システムを経営管理の有用なツールとして活用できず，会計システム教育の効果も期待できなくなってしまう。

4　今後の展望

これまで企業の会計処理能力と情報処理能力から総合的なランクづけを行い，ランク別の会計処理ソフトの選定と利用方法について考察してきた。その際，着目したのは，コンピュータ会計システムを導入することによる会計教育効果に関する点と，これから派生する会計処理業務水準の向上に関する2点である。

190

　これまでにもコンピュータ会計システムに関する研究は盛んに行われてきたが，それらの大部分は設計・開発主体を中心としたものであり，利用者主体のものではなかった。しかし，現状では，これまでのように専門知識を有するユーザーのみを対象として議論するわけにはいかず，どのような利用者に対しても利用可能な環境を整えることが求められている。実際に会計業務に従事する場合，初期段階から特に教育を必要とせずに，また，段階に応じて知識水準を向上できるような環境を整備しなければならない。

[注]

(1)　AAA., *A Statement of Basic Accounting Theory*, 1966, p. 1 . （飯野利夫　訳『アメリカ会計学会　基礎的会計理論』国元書房，1975年，p. 2 .）

(2)　長松秀志著『現代管理会計』税務経理協会，1994年，p.263.

(3)　武田隆二著『情報会計論』中央経済社，1989年，p.13.

(4)　涌田宏昭著『会計情報システム入門』日本経済新聞社，1976年，p.30.

(5)　武田隆二『前掲書』pp.10-11.

(6)　西村優子稿「AISとデータ・ベース」橋本義一・根本光明編著『図解　会計情報システム』中央経済社，1996年，p.5.

(7)　涌田宏昭『前掲書』pp.32-33. AISとMISの関係についての解説は，原田富士雄著『情報会計論』同文舘，1978年，pp.65-69が詳しい。

(8)　涌田宏昭『前掲書』p.32.

(9)　涌田宏昭『前掲書』p.33.

(10)　涌田宏昭『前掲書』p.34. なお，会計情報システムの統合化の解説については，日本生産性本部会計情報システム研究会編『会計情報システム　統合化への理論とアプローチ』日本生産性本部，1979年，p.41以下を参照されたい。

第 10 章　税効果会計

第 1 節　制定の流れ

　税効果会計とは，企業会計審議会によって，平成10年10月30日に公表された報告書「税効果会計に係る会計基準の設定について」の公表によって制度化されたものである。

　この制度化された税効果会計とは「企業会計上の収益又は費用と課税所得計算上の益金又は損金の認識時点の相違等により，企業会計上の資産又は負債の額に相違がある場合において，法人税その他利益に関連する金額を課税標準とする税金（法人税等）の額を適切に期間配分することにより，法人税等を控除する前の当期純利益と法人税等を合理的に対応させることを目的とする手続」（平成10年，企業会計審議会報告書，税効果会計に係る会計基準一）である。なお，わが国における適用時期に関して，同報告書において，財務諸表および連結財務諸表においては「平成十一年四月一日前に開始する事業年度に係る」ものから適用すること（四・1），中間財務諸表および中間連結財務諸表においては「平成十二年四月一日以後開始する中間会計期間」のものから実施される（四・1）ように措置することが適当であるとされた。

第 2 節　税効果会計の必要性

　従来わが国において，連結財務諸表の作成における税効果会計の適用は任意とされていた。そもそもわが国の法人税等は確定決算主義といわれる，商法に規定された株主総会によって確定した計算書類にもとづく利益を元として算出される方式により計算される。

　このような状況下における税効果会計の必要性に関して，前述の「税効果会

計に係る会計基準」の報告書において，「法人税等の課税所得計算」は「企業会計上の利益の額」が基礎とされるが，「課税所得計算」と「企業会計」の2つは目的が異なるため，資産または負債の額に相違があるのが一般的である。この相違が存在する場合，「法人税等の額が法人税等を控除する前の当期純利益と期間的に対応せず，また，将来の法人税等の支払額に対する影響が表示されないことになる。」とし，したがって税効果会計を全面的に適用する必要がある（二）としている。そもそもこの税効果会計は国際会計においては，一般的に導入されているものであり，その流れに従い導入されたものといえよう。

第3節　現在の制度

(1)　法人税等の範囲（「税効果会計に係る会計基準」，注1）

この「法人税等」の範囲には，法人税の他，都道府県民税，市町村民税および利益に関連する金額を課税標準とする事業税が含まれると定められている。

(2)　税効果会計の適用

税効果会計を適用する際，重要となるのは「一時差異等」と規定されているものをいかに認識し，いかに扱うかである。「一時差異等」とは前述したように「課税所得計算」と「企業会計」の間に存在する，資産または負債の額の相違のことである。

この「一時差異等」に関しては「税効果会計に係る会計基準」の報告書内において以下のように規定されている。

(3)　一時差異の種類

① 財務諸表上の一時差異（第二・一）

a．収益または費用の帰属年度が相違する場合。

b．資産の評価替えにより生じた評価差額が直接資本の部に計上され，かつ，課税所得の計算に含まれていない場合。

② 連結財務諸表固有の一時差異

a．資産連結に際し，子会社の資産および負債の時価評価により評価差額

が生じた場合。

ｂ．連結会社相互間の取引から生ずる未実現損失を消去した場合。

ｃ．連結会社相互間の債権と債務の相殺消去により貸倒引当金を減額修正した場合。

(4)　一時差異の効果（第二・一）

このような場合に生じる一時差異であるが，同報告書においてはその効果からも分類されている。

「当該一時差異が解消するときにその期の課税所得を減額する効果を持つもの（将来減算一時差異）」と「当該一時差異が解消するときにその期の課税所得を増額する効果を持つもの（将来加算一時差異）」という分類である。

加えて「将来の課税所得と相殺可能な繰越欠損金等」に関しても一時差異と同様に扱われ，「一時差異等」と表記される。

(5)　税効果会計における財務諸表上の表示（第三）

次に実際に行われる税効果会計では財務諸表上どのように表示されるかを記す。

一時差異等に係る税金の額は，同報告書には「将来の会計期間において回収又は支払が見込まれない税金の額を除き，繰延税金資産又は繰延税金負債として計上しなければならない」とされている。

この繰延税金資産と繰延税金負債に関しては，異なる納税主体に係るものを除き，「流動資産又は流動負債に表示すること」長期の繰延税金資産と繰延税金負債に関しては，異なる納税主体に係るものを除き「固定資産又は流動資産に表示すること」が定められている。この場合の納税主体とは納税申告書の作成主体である。

第11章　金融商品会計

第1節　金融商品会計の概要

1　定　　義

金融商品会計とはわが国において「金融商品に係る会計基準」（平成11年，企業会計審議会）によって設置された，金融資産および金融負債に関連する会計に関して定めた会計基準である。この会計基準は平成12年4月1日以後開始する事業年度より適用された。

この会計基準については，その後，三度の改正を経て現在に至る。

この会計基準において金融資産とは「現金預金，受取手形，売掛金及び貸付金等の金銭債権，株式その他の出資証券及び公社債等の有価証券並びに先物取引，先渡取引，オプション取引，スワップ取引及びこれらに類似する取引により生じる正味の債権等」と定めている。

またこれらを評価する場合に時価の概念が定められている。時価とは「公正な評価をいい，市場において形成されている取引価格，気配又は指標その他の相場（市場価格）に基づく価格」と定めている。

2　金融商品の範囲（「金融商品会計に関する実務指針」平成12年，日本公認会計士協会）

次に会計基準の対照となる金融商品の説明を付する。

⑴　金融商品

一方の企業に金融資産を生じさせ，他の企業に金融負債を生じさせる契約および一方の企業に持分の請求権を生じさせ他の企業にこれに対する義務を生じさせる契約である。

(2)　**金融資産**

現金，他の企業から現金もしくはその他の金融資産を受け取る契約上の権利，潜在的に有利な条件で他の企業とこれらの金融資産もしくは金融負債を交換する契約上の権利，または他の企業の株式その他の出資証券である。

(3)　**金融負債**

他の企業に金融資産を引き渡す契約上の義務または潜在的に不利な条件で他の企業と金融資産もしくは金融負債を交換する契約上の義務である。

(4)　**デリバティブ**

その権利義務の価値が，特定の金利，有価証券価格，現物商品価格，外国為替相場，各種の価格・率の指数，信用格づけ・信用指数，または類似する変数（これらを総称して「基礎数値」）の変化に反応する基礎数値を有し，かつ，想定元本か固定もしくは決定可能な決済金額のいずれかまたは両方を有する契約のことである。

第2節　金融資産と金融負債の発生と消滅の認識に関する規定

1　金融資産と金融負債の発生の認識

会計基準によれば「金融資産の契約上の権利又は金融負債の契約上の義務を生じさせる契約を締結したときは，原則として，当該金融資産又は金融負債の発生を認識しなければならない」と定めている。

2　金融資産と金融負債の消滅の認識

金融資産の契約上の権利を行使したとき，権利を喪失したとき，権利が他に移転した場合には金融資産の消滅を認識しなければならない。

金融資産の権利に対する支配の移転は下記要件がすべて充たされた場合である。

(1)　譲渡された金融資産に対する譲受人の契約上の権利が譲渡人およびその他の債権者から法的に保全されていること。

⑵　譲受人が譲渡された金融資産の契約上の権利を直接または間接に通常の方法で享受できること。

⑶　譲渡人が譲渡した金融資産を当該金融資産の満期日前に買い戻す権利および義務を実質的に有していないこと。

　金融負債に関しても，契約上の義務を履行したとき，義務が消滅したとき，または第一次債務者の地位から免責されたときは金融負債の消滅を認識する。

3　消滅の認識に係る会計処理

⑴　金融商品会計における貸倒引当金

　金融商品会計においてはその会計処理上，定められた貸倒見積高にもとづいて算定された貸倒引当金を控除した価額が貸借対照表評価額となる。そこでまず金融商品会計に用いる貸倒見積高について記す。

①　金融商品会計における貸倒見積高の算定に用いられる債権の区分

　a．一般債権

　　経営状態に重大な問題が生じていない債務者に対する債権。

　b．貸倒懸念債権

　　経営破綻の状態には至っていないが，債務の弁済に重大な問題が生じているかまたは生じる可能性の高い債務者に対する債権。

　c．破産更正債権等

　　経営破綻または実質的に経営破綻に陥っている債務者に対する債権。

②　貸倒見積高の算定方法

　a．一般債権

　　債権の状態に応じて求めた過去の貸倒実績率等合理的な基準により算定する。

　b．貸倒懸念債権

　　i　債権額から担保の処分見込額および保証による回収見込額を減額し，その残額について債務者の財政状態および経営成績を考慮して貸倒見積高を算定する方法。

ii　債権の元本の回収および利息の受け取りに係るキャッシュ・フローを合理的に見積もることのできる債権については，債権の元本および利息について元本の回収および利息の受け取りが見込まれるときから当期末までの期間にわたり当初の約定利子率で割り引いた金額の総額と債権の帳簿価額との差額を貸倒見積高とする方法。

上記の2つの方法のうちいずれかで算定する。

c．破産更正債権

債権額から担保の処分見込額および保証による回収見込額を減額し，その残額を貸倒見積高とする。

(2) 貸借対照表評価額等

① 債　　権（受取手形，売掛金，貸付金，その他の債権）

原則として，取得価額から貸倒見積高にもとづいて算定された貸倒引当金を控除した金額である。

ただし，取得価額と債券金額との差額の性格が金利の調整と認められるときは，償却原価法にもとづいて算定された価額をもって貸借対照表価額としなければならない。

② 有価証券

a．売買目的有価証券

原則として，時価をもって貸借対照表価額とし，評価差額は当期の損益として処理する。

b．満期保有目的の債権

原則として，取得原価をもって貸借対照表価額とする。ただし，取得価額と債券金額との差額の性格が金利の調整と認められるときは，償却原価法にもとづいて算定された価額をもって貸借対照表価額としなければならない。

c．子会社株式および関連会社株式

子会社株式および関連会社株式は，取得原価をもって貸借対照表価額とする。

d．その他有価証券

売買目的有価証券，満期保有目的の債券，子会社株式及び関連会社株式以外の有価証券（以下「その他有価証券」という）は，時価をもって貸借対照表価額とし，評価差額は洗い替え方式に基づき，次のいずれかの方法により処理する。

a．評価差額の合計額を純資産の部に計上する。

b．時価が取得原価を上回る銘柄に係る評価差額は純資産の部に計上し，時価が取得原価を下回る銘柄に係る評価差額は当期の損失として処理する。なお，純資産の部に計上されるその他有価証券の評価差額については，税効果会計を適用しなければならない。

e．時価を把握することが極めて困難と認められる有価証券

時価を把握することが極めて困難と認められる有価証券の貸借対照表価額は，それぞれ次の方法による。

1．社債その他の債券の貸借対照表価額は，債権の貸借対照表価額に準ずる。

2．社債その他の債券以外の有価証券は，取得原価をもって貸借対照表価額とする。

満期保有目的の債券，子会社株式および関連会社株式ならびにその他有価証券のうち，時価を把握することが極めて困難と認められる金融商品以外のものについて時価が著しく下落したときは，回復する見込があると認められる場合を除き，時価をもって貸借対照表価額とし，評価差額は当期の損失として処理しなければならない。

時価を把握することが極めて困難と認められる株式については，発行会社の財政状態の悪化により実質価額が著しく低下したときは，相当の減額をなし，評価差額は当期の損失として処理しなければならない。

その場合には，当該時価および実質価額を翌期首の取得原価とする。

また，売買目的有価証券および一年内に満期の到来する社債その他の債券は流動資産に属するものとし，それ以外の有価証券は投資その他の資産に属するものとする。

③　運用を目的とする金銭の信託

運用を目的とする金銭の信託（合同運用を除く）は，当該信託財産の構成物である金融資産および金融負債について，本会計基準により付されるべき評価額を合計した額をもって貸借対照表価額とし，評価差額は当期の損益として処理する。

④　デリバティブ取引により生じる正味の債権および債務

デリバティブ取引により生じる正味の債権および債務は，時価をもって貸借対照表価額とし，評価差額は，原則として，当期の損益として処理する。

⑤　金銭債務

支払手形，買掛金，借入金，社債その他の債務は，債務額をもって貸借対照表価額とする。

ただし，社債を社債金額よりも低い価額または高い価額で発行した場合など，収入に基づく金額と債務額とが異なる場合には，償却原価法に基づいて算定された価額をもって，貸借対照表価額としなければならない。

第3節　ヘッジ会計

1　定　　義

ヘッジ取引のうち一定の要件を充たすものについて，ヘッジ対象に係る損益とヘッジ手段に係る損益を同一の会計期間に認識し，ヘッジの効果を会計に反映させるための特殊な会計処理である。

2　対　　象

ヘッジ取引にヘッジ会計が適用されるのは以下の条件がすべて充たされた場合である。

①　ヘッジ取引時の要件

ヘッジ取引が企業のリスク管理方針に従ったものであることが，取引時に，客観的に認められること。

② ヘッジ取引時以降の要件

ヘッジ取引時以降において，ヘッジ対象とヘッジ手段の損益が高い程度で相殺される状態またはヘッジ対象のキャッシュ・フローが固定されその変動が回避される状態が引き続き認められることによって，ヘッジ手段の効果が定期的に確認されていること。

3　方　　法

① ヘッジ取引に係る損益認識時点

原則として，時価評価されているヘッジ手段に係る損益または評価差額を，ヘッジ対象に係る損益が認識されるまで純資産の部において繰り延べる方法による。

ただし，ヘッジ対象である資産または負債に係る相場変動等を損益に反映させることにより，その損益とヘッジ手段に係る損益とを同一の会計期間に認識することもできる。

なお，純資産の部に計上されるヘッジ手段に係る損益または評価差額については，税効果会計を適用しなければならない。

② ヘッジ会計の要件が充たされなくなったときの会計処理

ヘッジ会計の要件が充たされなくなったときには，ヘッジ会計の要件が充たされていた間のヘッジ手段に係る損益または評価差額は，ヘッジ対象に係る損益が認識されるまで引き続き繰り延べる。

ただし，繰り延べられたヘッジ手段に係る損益または評価差額について，ヘッジ対象に係る含み益が減少することによりヘッジ会計の終了時点で重要な損失が生じるおそれがあるときは，当該損失部分を見積り，当期の損失として処理しなければならない。

③ ヘッジ会計の終了

ヘッジ会計は，ヘッジ対象が消滅したときに終了し，繰り延べられているヘッジ手段に係る損益または評価差額は当期の損益として処理しなければならない。また，ヘッジ対象である予定取引が実行されないことが明らかになったときにおいても同様に処理する。

────── 第 12 章　外貨換算会計 ──────

第 1 節　概　　要

　近年，企業の多国籍化や証券市場における投資家の国際化の進展を受け，わが国の会計制度において国際化に対応した会計基準の設置，改定が非常に活発に行われている。外貨換算会計もその流れの中で改正された会計基準の 1 つである。

　外貨換算会計とは外貨建ての資産および負債，資本をいかにして財務諸表に表示するべきかを定めた会計のことである。わが国においては「外貨建取引等会計処理基準」（企業会計審議会，昭和54年，最終改訂平成11年）によって定められている。

　わが国において外貨換算会計は外貨建ての資産，負債，資本を円に換算することによって表示する方法によってなされる。そして「外貨建取引等会計処理基準」ではいつの時点の為替相場によって評価するかが規定されている。しかしこの制度も社会状況の変化により，制定から数度の改訂を経て現在に至る。

第 2 節　わが国における外貨換算会計

1　制定・改正の経緯

　外貨建ての資産，負債，資本は，わが国の通貨である円の国際流通に伴い，外国為替市場の変動の影響を受けることにより，当然，会計情報への影響も大きくなってきていた。そして昭和54年に「外貨建取引等会計処理基準」が制定された。この際どの時点の為替相場により円換算するか，制定の経緯を記した「外貨建取引等会計処理基準の設定について」によれば，この際にいかなる為替相場を選択すべきかに関して 4 つの方法が記されている。流動・非流動法，

貨幣・非貨幣法，テンポラル法，決算日レート法である。下に個々の説明を記す。

(1) 流動・非流動法

流動項目は決算時の為替相場，非流動項目には取得時の為替相場により換算する方法。

(2) 貨幣・非貨幣法

貨幣項目は決算時の為替相場，非貨幣項目には取得時の為替相場により換算する方法。

(3) テンポラル法

外貨によって測定されている項目の数値の属性をそのまま保持するように換算する方法。

(4) 決算日レート法

すべての項目を決算日の為替相場によって換算する方法。

当時採択されたのは，貨幣・非貨幣法に流動・非流動法を加味し，原則として流動資産・負債に関しては決算時の為替相場により換算し，非流動とされた資産・負債に関しては取得時の為替相場により換算する。加えて在外支店や在外子会社の一部項目に修正テンポラル法を採用するというものであった。

次に平成7年，さらに変化した内外の諸事情，そこから外貨建て取引とその会計情報を取り巻く変化から企業会計審議会より「外貨建取引等会計処理基準の改定について」の公表がなされ，会計処理基準の改定がなされた。

この平成7年の改正においては，従来，取得時の為替相場で処理していた外貨建長期金銭債務に重要な為替差損が存在した場合，将来確実に回復する見込みがない場合，それを認識することが定められた。

しかしこの平成7年の改正では基本的に制定時の考え方を踏襲し，ほぼ制定時と換算の時節に変更はなく，ヘッジやデリバティブといった金融商品に関わる会計処理については定められるに至らなかった。

そして平成11年の改正に至る。この改訂においては流動・非流動の別，貨幣・

非貨幣の別なく，ほとんどのものが決算時の時価による換算を行うと定められた。例外としては子会社，関連会社の株式の取得があるが，これは連結会社であり，その換算により生じる差が会計情報として大きな意義をもたないからであろう。また金融商品に関しても定められた。このように財務諸表に関して，より企業の現状を反映する制度となって現在に至る。

2　現在の外貨建取引等会計処理基準

(1)　外貨建取引

「外貨建取引は，原則として，当該取引発生時の為替相場による円換算額をもって記録する」（一・1）と定められている。

ただし，決算時の処理として外国通貨，外貨建金銭債権債務，外貨建有価証券，デリバティブ取引等のいずれにおいても決算時の為替相場による円換算額を付することが定められている。前述したように連結会社に関する株式については取得時の円換算額を付することとなっている（一・2）。

またその会計の条件が金融商品に係る会計基準のヘッジ会計の要件を満たしていればヘッジ会計を適用することもできる（一・1）。

(2)　換算差額の処理

上記の処理によって当然，取得時と決算時において換算差額が発生する。この換算差額に関しては，決算の際に原則として当期の為替差損益として処理する。ただし，「有価証券の時価の著しい下落又は実質価格の著しい低下により，決算時の為替相場による換算を行ったことによって生じた換算差額は，当期の有価証券の評価損として処理する」（一・2）と記されている。

また外貨建金銭債権債務の決済（外国通貨の円転換を含む）に伴った損益に関しても，原則として当期の為替差損益として処理する（一・3）。

(3)　在外支店・在外子会社等の財務諸表項目の換算

在外支店の収益と費用に関しては期中平均相場によることができる（二・1）。

在外子会社等の資産および負債は決算時の為替相場で換算する。収益と費用に関しては期中平均相場による円換算を原則とする（三・1，三・3）。このよ

うに定められている。

3　改訂の適用期日（平成11年，外貨建取引等会計処理基準の設定について四・1）

　改訂基準は平成12年4月1日以後開始される事業年度から適用された。

第13章　連結会計

第1節　概要と意義

　連結会計を定めている「連結財務諸表原則」は企業会計審議会によって，昭和50年6月24日公表，現在の最終改正が平成9年6月6日である。

　わが国で連結財務諸表の制度化にあたり公表された「連結財務諸表の制度化に関する意見書」（昭和50年，企業会計審議会）において，投資情報としての確実性に関して「企業集団の場合には当該企業集団を構成する個々の財務諸表だけでは」十分ではないと指摘された。よって「当該企業集団に属する会社の財務諸表を結合した連結財務諸表」が必要なのであった。

　またその後，改定に際して，「連結財務諸表の見直しに関する意見書」（平成9年，企業会計審議会）においては，従来は「連結情報は個別情報に対して副次的なものとして位置づけられてきた」がしかし，「多角化・国際化した企業に対する投資判断を的確に行ううえで，企業集団に係る情報が一層重視されてきている」こと，「国際的には，連結中心のディスクロージャーが行われている」ことが指摘され，「連結情報を中心とする連結情報を中心とするディスクロージャー制度への転換を図る」という制度になった（第一・一）。そして平成20年には，企業会計基準委員会より『連結財務諸表に関する会計基準』が公表され，その後，三度の改正を経て現在に至る。

第2節　連結財務諸表の作成

(1)　わが国の姿勢

　連結財務諸表作成の考え方として，親会社説と経済的単体説がある。わが国において，連結財務諸表は親会社の投資者が主たる情報開示の客体であるとい

う立場の親会社説を採用している。

これによって連結財務諸表の資本に関して，わが国では親会社の株主持分のみが反映される。

(2)　**連結会計の一般原則（第二）**

わが国では，連結財務諸表原則における一般原則として以下の4点が定められている。

①　企業集団の財政状態および経営成績に関して真実な報告を提供するものでなければならない。

②　企業集団に属する親会社および子会社が一般に公正妥当と認められる企業会計の基準に準拠して作成した個別財務諸表を基礎として作成しなければならない。

③　企業集団の状況に関する判断を誤らせないよう，利害関係者に対し必要な財務情報を明瞭に表示するものでなければならない。

④　作成のために採用した基準および手続きは，毎期継続して適用し，みだりにこれを変更してはならない。

(3)　**連結の範囲（第三・一）**

親会社とは，他の会社を支配している会社であり，支配されている会社を子会社という。またこの場合に子会社によって支配されている子会社も親会社にとっての子会社となる。

連結財務諸表原則において，連結の範囲として「親会社はすべての子会社を連結の範囲に含めなければならない」としている。

(4)　**子会社のケース**

同原則において他の会社を支配している会社は，次のものをいう。

①　他の会社の議決権の過半数を実質的に所有している場合。

②　他の企業の議決権の100分の40以上，100分の50以下を自己の計算において所有している企業であって，かつ，次のいずれかの要件に該当する企業。

a．自己の計算において所有している議決権と，自己と出資，人事，資金，技術，取引等において緊密な関係があることにより自己の意思と同一の内容

の議決権を行使すると認められる者および自己の意思と同一の内容の議決
権を行使することに同意している者が所有している議決権とを合わせて，
他の企業の議決権の過半数を占めていること

b．役員もしくは使用人である者，またはこれらであった者で自己が他の企業
の財務および営業または事業の方針の決定に関して影響を与えることがで
きる者が，当該他の企業の取締役会その他これに準ずる機関の構成員の過
半数を占めていること

c．他の企業の重要な財務および営業または事業の方針の決定を支配する契約
等が存在すること

d．他の企業の資金調達額（貸借対照表の負債の部に計上されているもの）の総額
の過半について融資（債務の保証および担保の提供を含む。以下同じ）を行っ
ていること（自己と出資，人事，資金，技術，取引等において緊密な関係のある
者が行う融資の額を合わせて資金調達額の総額の過半となる場合を含む）

e．その他他の企業の意思決定機関を支配していることが推測される事実が存
在すること。

③　自己の計算において所有している議決権（当該議決権を所有していない場合
を含む）と，自己と出資，人事，資金，技術，取引等において緊密な関係が
あることにより自己の意思と同一の内容の議決権を行使すると認められる者
および自己の意思と同一の内容の議決権を行使することに同意している者が
所有している議決権とを合わせて，他の企業の議決権の過半数を占めている
企業であって，かつ，上記(2)の②から⑤までのいずれかの要件に該当する
企業。

(5)　**連結に含まれない子会社（第三・一）**

逆に子会社でも連結に含まれないケースがある。それは以下の2つの場合が
定められている。

①　支配が一時的であると認められる会社。

②　連結することにより利害関係者の判断を著しく誤らせるおそれのある会社。

(6) 子会社の資産および負債の評価（第四・二）

連結財務諸表を作成するにあたり，子会社の資産および負債を評価しなければならない。それには，子会社の資産および負債のすべてを，支配獲得日の時価により評価する方法（全面時価評価法）を用いる。また，この子会社の資産および負債の評価額と，個別貸借対照表上の金額との差額（評価差額）は子会社の資本とすると定められている。

(7) 少数株主持分（第四・四）

親会社に帰属しない子会社の資本は少数株主持分と定められている。この少数株主持分に割り当てられる子会社の欠損が少数株主持分を超えた場合は，親会社の持分に負担させなければならない。しかし後に同子会社が利益を計上した場合，この欠損を回収するまでは利益を親会社の持分に上乗せすることができる。

(8) 連結決算日（二）

連結財務諸表原則において連結決算日に関しては「作成に関する期間は1年とし，親会社の会計期間に基づき，年一回一定の日をもって連結決算日とする」と定められている。

(9) 連結財務諸表作成の原則

連結に含まれる企業間において，まず会計処理の方法は統一されていなければならない。また連結会社相互間における投資と資本，債権と債務，商品売買その他取引に係る項目は相殺消去されなければならない。

投資と資本の相殺消去の場合に差額（連結調整勘定）が生じた場合，当原則において「計上後二十年以内に，定額法その他合理的な方法により償却しなければならない」と定められている。ただし「重要性が乏しい場合には，当該勘定が生じた期の損益として処理することができる」としている（第四・3）。

(10) 持分法の適用

連結財務諸表原則において「非連結子会社及び関連会社に対する投資については，原則として持分法を適用しなければならない」（八）と定められている。これは投資企業に帰属する株の持分割合によって，投資額を連結決算日ごとに

修正する方法である。

　そのうえで非連結子会社および関連会社に対する扱いを連結会社と同じように処理を行うものである。

(11)　連結財務諸表

　連結財務諸表原則に定められている財務諸表は，連結貸借対照表，連結損益計算書，連結余剰金計算書である。それぞれに関して述べる。

①　連結貸借対照表（第四）

　連結貸借対照表には，資産の部，負債の部および純資産の部を設ける。資産の部は，流動資産，固定資産および繰延資産に区分し，固定資産は有形固定資産，無形固定資産および投資その他の資産に区分して記載する。負債の部は，流動負債および固定負債に区分して記載する。純資産の部は，企業会計基準第5号「貸借対照表の純資産の部の表示に関する会計基準」に従い，区分して記載する。流動資産，有形固定資産，無形固定資産，投資その他の資産，繰延資産，流動負債および固定負債は，一定の基準に従い，その性質を示す適当な名称を付した科目に明瞭に分類して記載する。特に，非連結子会社および関連会社に対する投資は，他の項目と区別して記載し，または注記の方法により明瞭に表示する。

　利益剰余金のうち，減債積立金等外部者との契約による特定目的のために積み立てられたものがあるときは，その内容および金額を注記する。

②　連結損益および包括利益計算書または連結損益計算書および連結包括利益計算書の基本原則（第五）

　連結損益および包括利益計算書または連結損益計算書および連結包括利益計算書は，親会社および子会社の個別損益計算書等における収益，費用等の金額を基礎とし，連結会社相互間の取引高の相殺消去および未実現損益の消去等の処理を行って作成する。

③　連結株主資本等変動計算書の作成（第六）

　企業会計基準第6号「株主資本等変動計算書に関する会計基準」に従い，連結株主資本等変動計算書を作成する。

⑿　連結キャッシュ・フロー計算書（平成 10 年，連結キャッシュ・フロー計算書等の作成基準の設定に関する意見書・第一，第二，第三）

上記 3 つの連結財務諸表に加えて平成 10 年に企業会計審議会によって「連結キャッシュ・フロー計算書等の作成基準の設定の関する意見書」が公表され，「連結キャッシュ・フロー計算書等の作成基準」が制度化された。これによって連結財務諸表として連結キャッシュ・フローが加えられた。

④　連結キャッシュ・フロー計算書

連結キャッシュ・フロー計算書では，営業活動によるキャッシュ・フロー，投資活動によるキャッシュ・フロー，財務活動によるキャッシュ・フローの区分を設けることが定められている。また連結会計における他の財務諸表と同様，連結会社間の取引は相殺することが定められている。

特に営業活動によるキャッシュ・フローにおいて表示方法が，主要な取引ごとにキャッシュ・フローを総額表示する方法（直接法），他の区分のキャッシュ・フローに含まれる損益項目と営業項目に係るキャッシュ・フローを加減して表示する方法（間接法）の 2 つのうちの，どちらかの方法にて行うことが定められている。

⒀　**実施時期**

現在の連結財務会計で，連結キャッシュ・フロー計算書以外のものに関しては平成 10 年 4 月 1 日以後開始の事業年度より適用された（平成 9 年，「連結財務諸表の見直しに関する意見書」）。連結キャッシュ・フロー計算書に関しては平成 11 年 4 月 1 日以降開始の事業年度より適用された（平成 10 年，「連結キャッシュ・フロー計算書等作成基準の設定に関する意見書」）。

また，企業会計基準委員会が平成 20 年に公表した「連結財務諸表に関する会計基準」は，平成 22 年 4 月 1 日以後実施される企業結合および事業分離等に関する会計処理および注記事項から適用し，その他連結財務諸表に係る事項については，平成 22 年 4 月 1 日以後開始する連結会計年度の期首から適用された。その後，三度の改正が行われ，平成 25 年 9 月の最終改正の内容については，基本的には平成 27 年 4 月 1 日以後開始する連結会計年度の期首から適用される。

第14章　減損会計

第1節　概　　要

　「固定資産の価値が著しく下落した場合には評価損を計上する」という減損会計の考え方は，近年，国際的にも一般的な会計処理として定着してきていたが，わが国においても平成14年の「固定資産の減損に係る会計基準」の公表により導入されることになった。減損会計は「固定資産の価値の低下を財務諸表に反映させる会計であり，正式には固定資産の減損に係る会計基準のもとに行われる会計」のことである。

第2節　減損会計の必要性

　「固定資産の減損に係る会計基準の設定に関する意見書」（平成14年，企業会計審議会）において「固定資産の減損に係る会計基準」の必要性に関して「不動産をはじめ固定資産の価格や収益性が著しく低下している昨今の状況において，それらの帳簿価値が価値を過大に表示したまま将来に損失を繰り延べているのではないか」（二）とある。従来の財務諸表において通常，固定資産の価値は，取得金額から減価償却を除いた額である。

　このような現状が「財務諸表の信頼性を損ねている」（二）こと，「国際的にも固定資産の減損に係る会計基準の整備が進められており，会計基準の国際的調和を図る」（二）ことの2点が同意見書において会計基準の整備の必要性としてあげられている。

第3節　固定資産の減損損失

　実際にどのように減損損失を認識するかというと，まず同意見書には「資産又は資産グループに減損が生じている可能性を示す事象（減損の兆候）がある場合に，当該資産又は資産グループについて，減損損失を認識するかどうかの判定を行うこととした」（四・2）とある。減損損失の兆候がある資産に関しては「企業は，内部管理目的の損益報告や事業の再編等に関する経営計画などの企業内部の情報及び経営環境や資産の市場価格などの企業外部の要因に関する情報に基づき」（四・2）判別することとなる。

第4節　減損の兆候

　この会計基準において減損の兆候として以下のように定められている（二・1）。
①　資産または資産グループが使用されている営業活動から生ずる損益またはキャッシュ・フローが，継続してマイナスとなっているか，継続してマイナスとなる見込みであること。
②　資産または資産グループが使用されている範囲または方法について，当該資産または資産グループの回収可能価格を著しく低下させる変化が生じたか，あるいは，生ずる見込みであること。
③　資産または資産グループが使用されている事業に関連して，経営環境が著しく悪化したか，あるいは，悪化する見込みであること。
④　資産または資産グループの市場価値が著しく下落したこと。
以上の4点である。

第5節　減損損失の測定

前述の意見書において減損損失の測定は「将来キャッシュ・フローの見積り
に大きく依存する」（四・2）とある。また「成果の不確定な事業用資産の減損
は，測定が主観的にならざるを得ない」（四・2）ともある。したがって「減
損の存在が相当程度に確実な場合に限って減損損失を認識することが適当であ
る」（四・2）とされている。

第6節　将来キャッシュ・フローの見積り

減損会計に用いられる将来キャッシュ・フローの見積りの方法は会計基準に
おいて「企業に固有の事情を反映した合理的で説明可能な仮定及び予測に基づ
いて見積る」（二・4）と定められている。またその金額に関しては「生起す
る可能性のもっとも高い単一の金額または生起しうる複数の将来キャッシュ・
フローをそれぞれの確率で加重平均した金額とする」（二・4）とされている。

第7節　減損損失の財務諸表上の表示

会計基準において減損処理を行った資産に関しては原則として「減損処理前
の取得原価から減損損失を直接控除し，控除後の金額をその後の取得原価とす
る形式で行う」（四・1）と定められている。
　またその減損損失に関しては，原則として特別損失とすることとされている。

第8節　実施時期（固定資産の減損に係る意見書・五）

原則として平成17年4月1日以降開始する事業年度（ただし平成16年3月31日以
後終了する事業年度からの早期適用も容認されている）から実施することとなった。

第9節　減損会計における概念フレームワーク試論

1　資産の意義　収益費用アプローチと資産負債アプローチ

　米国財務会計基準審議会（Financial Accounting Standards Board，以下「FASB」とする）は，1976年の討議資料において，従来の通説的会計観である損益計算指向的会計観を「収益費用アプローチ」（revenue and expense view）なる用語のもとに一括し，これと対比されるべき会計観として「資産負債アプローチ」（asset and liability view）提示している。

　近代会計学の確立は，一般に，財産計算指向的会計観から損益計算指向的会計観への転換によって達成されたとされている[1]。以降今日に至るまで，損益計算指向的会計観が，通説的会計観として，わが国を含む資本主義各国の会計制度と会計実務を指導してきた。

　ところが，近年，損益計算指向的会計観の指導性に対して，根底的な問いかけが，なされるようになった。会計観の転換の嚆矢となったのがFASBの概念フレームワーク・プロジェクト（1973-1985）であり，とりわけ，出発点をなす1976年の討議資料の公表であった。

　ここで注目しておきたいのは，「財務会計および財務報告のための概念フレームワークの基礎として，資産負債アプローチ，収益費用アプローチ……のうち，いずれのアプローチが選択されるべきか」（par.25）という，同討議資料の問題提起であり，形式的には，会計観の選択を読者の判断に委ねる立場をとっている[2]。そこで，1976年の討議資料にもとづいて，資産負債アプローチ，収益費用アプローチについて考察する。

　「資産負債アプローチにおいては，一定期間における営利企業の正味資源の増加測定値を利益とみなしており，一義的には，利益を資産・負債の増減額として定義している。したがって，利益の積極的要素—収益は当該期間における資産の増加および負債の減少として定義され，利益の消極的要素—費用は当該期間における資産の減少および負債の増加として定義される。すなわち，資

産および負債―企業の経済的資源および将来他の実体（個人を含む）に資源を引き渡す企業の義務の財務的表現―が当該アプローチの鍵概念となる。そしてそのことから，資産・負債の属性および当該属性の変動を測定することが，財務会計における基本的な測定プロセスとみなされる。その結果，その他の財務諸表構成要素―所有主持分または資本，利益，収益，費用，利得，損失―のすべてが，資産・負債の差額または資産・負債の属性測定値の変動額として測定されることになる（FASB［1976a］, par.34）」[3]。そして，資産負債アプローチにもとづく，より詳細な資産および負債の定義が，1976年の討議資料の第1部第3章および第4章において以下のように示されている。すなわち，資産とは「経済的資源の財務的表現」であり，「現金ならびに，特定の企業に影響をおよぼす過去の取引または事象の結果として，特定の当該企業に直接的または間接的に純キャッシュ・イン・フローをもたらすと期待される将来の経済的便益」（par.91, A−1）である。また，負債とは，「特定の企業に影響を及ぼす過去の取引または事象の結果として，将来他の実体に経済的資源を引き渡す特定の当該企業の業務の財務的表現」（par.149, L−1）である[4]。

　他方，「収益費用アプローチにおいては，アウトプットを獲得しそれに利益を付加する形で販売することを目的としてインプットを活用する企業の活動成果の測定値を利益とみなしており，一義的には，利益を一定期間の収益・費用差額と定義している。すなわち，収益および費用―企業の利益稼得活動におけるアウトプットおよびインプットの財務的表現―が当該アプローチの鍵概念となる（FASB［1976a］, par.38）。そしてそのことから，収益・費用を測定すること，ならびに一定期間における努力（費用）と成果（収益）を関連づけるために収益・費用認識の時点調整を行うことが，財務会計における基本的な測定プロセスとみなされる（FASB［1976a］, par.39）。その結果，資産・負債の測定は，一般的には，利益測定プロセスの必要性によって規定されるのであり，当該アプローチにもとづく貸借対照表は，企業の経済的資源あるいは他の実体に資源を引き渡す義務を表さない項目を資産・負債またはその他の要素として記載することがある（FASB［1976a］, par.42）」。そして，収益費用アプローチに適合

する資産の定義によれば，資産とは，「現金ならびに，企業に影響をおよぼす過去の取引または事象の結果として，特定の当該企業にたいして直接的または間接的に正味キャッシュ・フローをもたらすと期待される将来の経済的便益」[5] の財務的表現であるが，それに加えて，「企業の経済的資源を表わさないが，期間利益の測定において収益と費用の適切な対応を図るために必要なある種の『繰延費用』(deferred charges) も資産に含まれる」[6] とされる。

したがって，資産負債アプローチにおいては，基本的思考として財貨動態が想定されていることになる。そのことから，取引の認識・測定にあたっては，まず認識対象として個別財貨の数量的変動が把握され，そしてその後に利益計算の観点からそれを共通尺度たる貨幣に変換するという認識・測定構造を有しているといえる。いい換えると，ここにおいては財貨数量の変動のみならず測定属性の変動も取引として認識されることになるため，取引が，資産・負債の属性測値の変動にもとづいて連続的に把握されることになる。そして，そのことから，すべての財貨を共通尺度たる貨幣に変換するという過程すなわち評価過程が必要となり，そのために測定属性の選択問題が生じることになる。

他方，収益費用アプローチにおいては，基本的思考として貨幣動態が想定されていることになる。そのことから，取引の認識・測定にあたっては，認識対象として現金収支の数量的変動が把握されると同時にそれによって測定が行われるという認識・測定構造を有しているといえる。いい換えると，ここにおいては認識と測定を切り離すことができず，評価の問題は生じないのである。したがって，ここにおいては，その測定属性として個別取引の取引時点における取得原価が採用されることになる。

しかし，その一方で，現金収支の変動のみが取引として認識されることから，また，現金収支の有している特性すなわち現金支出（現金収入）は現金収入（現金支出）によって解消されるという特性から，取引が資産・負債（現金数量）の変動にもとづいて非連続的に把握されることになる。そのために，資金の投下過程から回収過程への変換点（特異点）の認識が必要になる。しかも，ここにおいては取引の時点制約性が存在しないことから，利益計算において見越・

繰延の操作を行うことによって過去の現金収支および将来の現金収支を無限定に操作することが可能となる。そのことから，収益費用アプローチ（現行会計実務）においては，かかる操作性を排除するために収益および費用の認識基準として収益実現ルールおよび費用対応ルールの採用が行われているのである。

　したがって，これらのことから資産負債アプローチと収益費用アプローチとの相違は基本的には利益を一定期間の企業の富の変動の測定値とみるのか（FASB［1976a］, par.48），それとも一定期間における企業業績の測定値とみるのか（FASB［1976a］, par.49）というこれらのアプローチの有している利益観の相違に帰着するものであるといえる。しかし，ここにおいては，具体的には，①貸借対照表項目が企業の経済的資源あるいはその引き渡し義務を表さない計算擬制的項目（繰延費用・繰延収益・引当金）にまで拡張されること（FASB［1976a］, par.51 and 54），②利益測定における収益および費用の認識基準が明確ではないこと（FASB［1976a］, par.61）という収益費用アプローチの有している特徴にその批判が展開されているのである。しかも，資産負債アプローチは，収益費用アプローチに対する前記の2つの批判点のいずれをも解消することができる。しかし，そこにおいて，①の批判点を解消することのみが要請されている場合には，いかなる測定属性が選択されても差し支えないのであるが，②の批判点も解消するためには，測定属性として，(i)通常の清算における現在払出価値（現在市場価値）または期待キャッシュ・フローの現在価値を採用する方法と，(ii)正常な営業過程における期待払出価値（正味実現可能価値）を採用する方法という2つの可能性があることが明らかになる[7]。いい換えると，ここには2つの資産負債アプローチが存在するといえるのである。

2　固定資産をめぐる会計的配分と価値評価の理論

　減損会計は，従来，取得原価差引減価累計額という簿記誘導的な金額で計上されてきた固定資産について，減損の兆候が生起した場合に限定してではあるが，回収見込額という実的的直接的な尺度による評価を加える点では価値評価の思考を体現したものといえる。このことは，前述の「収益費用アプローチ」

と「資産負債アプローチ」の考え方やドイツ会計学説での「動態論」と「静態論」[8] の底流にある,「会計的配分の理論」と「価値評価の理論」の相克の会計思想がある。つまり,動態論もしくは収益費用アプローチでは,貸借対照表は未だ損益に解消しない,あるいは収支として決済されない項目を次期へ繰り越すための帳簿記録から誘導された残高表とみなされ,決算貸借対照表の資産は,会計計算上未配分という性格を刻印される。これに対して,静態論もしくは資産負債アプローチでは,貸借対照表は財産目録を基礎にして作成される期末時点での資産価値と資本価値の平均表とみなされ,決算貸借対照表の資産に付される金額は単なる計算上の残高ではなく,何らかの基準で(通常は売却時価で)評価の洗礼を受けた価値をあらわすべきものとされる。

今日までの各国の会計制度がどちらの思考を主軸に形成されてきたのかというと,近年までわが国を含む主要先進国においては,会計的配分の論理が制度会計の主座に位置してきた[9]。

しかし,この10年ほどの間に世界各国,中でも米国会計基準と国際会計基準において,会計的配分の思考は明らかに異質で,むしろ,価値評価の思考の台頭を思わせる動きが顕在化している。金融商品の時価評価,税効果会計における繰延法から資産・負債法への移行,固定資産の減損会計の導入,のれんに関する規則的償却法から非償却・減損処理法への移行の動き,一部の貸出債権や退職給付引当金などへの現在価値評価の導入などはその好例である。このうち,金融資産や貸出債権などの貨幣性資産はもともと会計的配分とはなじみの薄い資産であり,それらを部分的にせよ回収可能見込額で評価すべきとする学説や実務は目新しいものではない。注目すべきは,会計的配分の思考が強固に定着しているとみなされてきた固定資産会計の領域に価値評価の思考を色濃く反映した減損会計が導入され,のれんについては非償却・減損処理法が台頭してきた。

こうした価値評価の思考が,現在のわが国の会計学に対してどのような示唆を含むか検討すべきであると考えられる。そして,会計的配分と価値評価を区分する基本的メルクマールは,計算基礎の連続性の有無にではなく,対象資産

の直接的測定の有無にあると考えられる[10]。

[注]

(1)　黒澤　清著『近代会計学』［改定増補版］春秋社，1964年，pp.115-121.

(2)　FASBみずから選好する会計観が資産負債アプローチであることは，ほとんど明らかというべきであろう。藤井秀樹『現代企業会計論』森山書店，1997年，p.51.

(3)　高須教夫著「FASB概念フレームワークをめぐる問題の検討―収益費用アプローチと資産負債アプローチ―」,『会計』, 165巻1号，pp.37-38. 資産負債アプローチには，包括利益（comprehensive income）の問題がある。包括利益は，資産負債アプローチに根ざした利益概念である。包括利益は，営業利益の1つであり，1985年のFASB概念報告書第6号『財務諸表の要素』（1980年公表の第3号を改定したもの）において，「所有主との取引以外を源泉とした，取引その他の事象および状況から生じる一期間中に生じた営利企業の持分の変動」（70項）と定義されている。この定義から明らかなように，資産負債利益観ないしアプローチを前提としてかり，収益費用利益観ないしアプローチにおいて採用されている概念である，「収益から費用を控除した純額」としての稼得利息（earnings）に対比される。稼得利益は，FASB概念報告書第5号『営利企業の財務諸表における認識と測定』において一期間の業績尺度と明言されている（34項）が，包括利益は，「取引その他の事象が企業に及ぼす影響の包括的尺度」（39項）であるとされ，その財務業績（financial performance）としての位置づけは不明確であった。現行制度上の当期純利益は，米国などでも，稼得利益に近く，資産または負債の特定の評価差額を含まないので，貸借対照表の純資産に生じた当期増減額との間に食い違いを生じている。このように，損益計算書の当期純損益に含まれることなく貸借対照表の資本の部に記載される項目を「その他の包括利益」と呼ぶ。わが国では，その他有価証券の評価差額や為替換算調整勘定などがこれに該当する。しかし，その他の包括利益に関し，その発生原因と期中の増減を財務諸表上明らかにすべきであるとの考え方から，そのための報告書，たとえば株主持分変動報告書を作成すべきであるとIAS第1号『財務諸表の表示』などでは規定されている。本来，包括利益は純資産の増減額として定義・計算されるので，資産および負債の評価差額すべてを構成要素としている。そのため，近年では，その他の包括利益も企業の財務業績として当期純利益の構成要素と合わせて1つの報告書に示されるべきであると主張されている。森田哲彌編，佐藤信彦稿『会計学大辞典』〔第四版増補版〕中央経済社，2002年，p.1296.

220

(4)　藤井秀樹著『現代企業会計論』森山書院，1997年，p.58注(20)。

(5)　FASB, DM, 1976, par.91, A—1, 前掲・注(4)藤井（森山書院, 1997年）p.130, 注(6)。

(6)　FASB, DM, 1976, par.91, A—3, 前掲・注(4)藤井（森山書院, 1997年）p.130, 注(7)。

(7)　FASBは5つの属性をあげている（FASB [1976a], p.193）。高須・前掲注(7)p.39。

(8)　静態論には，法律の立場から考えられた客観価値説あるいは売却価値説と呼ばれるものがある。ここでは貸借対照表の目的は，一時点における企業の財産状態を概観・確定することであるとされ，このような目的を達成するために，貸借対照表では企業の保有財産を客観的価値で評価することが要求されていた。また，財産目録にもとづいて作成された貸借対照表は，債権者保護の観点から，債権担保能力の表示手段としての役割をもつ。財産目録は，企業の正しい担保力を示すことによって債権者の保護に役立てるように，企業が所有するすべての資産は貸借対照表に記載し，その財産は担保能力を表す売却時価によって評価すべきであるとされていた。菊谷正人著『精説会計学』同文舘, 1993年, pp.60-61.

(9)　米国会計学会・常務委員会の「会社〔財務〕報告に関連する会計原則試案」（1936年公表）。The Executive Committee, "A Tentative Statement of Accounting Principle Affecting Corporate Reports," The American Review , March 1936.

(10)　醍醐聡著「会計的配分と価値評価」『企業会計』56巻1号, 2004年, p.28.

第15章 退職給付会計

第1節 概念と制度化の経緯

わが国においては，多くの企業が外部に積み立てた資産を原資として退職給付を行う「企業年金制度」を採用している。しかし現状において，積み立てた資産の運用利回りの低下，資産の含み損などにより，将来の年金給付に必要な資産の確保に懸念が生じているといわれている。この将来の年金給付にかかる資産の不足とその補填は企業の財政状況を悪化させるおそれがある。

よって投資情報として企業年金に係る情報の重要性は非常に高まっていると指摘されている。

しかし従来，わが国においては退職一時金および年金についての会計基準は実質的になかった。そこで企業会計審議会は平成10年よりこれらの会計基準を公表し，現在は，「退職給付に関する会計基準」（平成28年12月最終改正）が適用されている。

第2節 現行制度

1 用 語（「退職給付に関する会計基準」平成11年，公認会計士協会）

まず退職給付に用いられる用語の説明を付す。

(1) 退職給付

一定期間にわたり労働を提供したことなどの事由にもとづき，退職以後に従業員に支給される給付のことである。

(2) 退職給付債務

退職給付のうち，認識時点までに発生していると認められるものをいい，割引計算により測定される。

(3) 年金資産

企業年金制度にもとづき退職給付に充てるために積み立てられている資産のことである。

「退職給付に関する会計基準」によれば以下のすべての条件を満たした特定の資産は年金資産とみなす。

① 退職給付以外に使用できないこと。

② 事業主および事業主の債権者から法的に分離されていること。

③ 積立超過分を除き，事業主への返還，事業主からの解約・目的外の払出し等が禁止されていること。

④ 資産を事業主の資産と交換できないこと。

また退職給付信託を設定している場合で，下記要件をすべて満たしていれば，その信託は年金資産に該当する。

① 当該信託が退職給付に充てられるものであることが退職給付規程などにより確認できること。

② 当該信託は信託財産を退職給付に充てることを限定した他益信託であること。

③ 当該信託は事業主から法的に分離されており，信託財産の事業主への返還および受益者に対する詐害行為が禁止されていること。

④ 信託財産の管理・運用・処分については，受託者が信託契約にもとづいて行うこと。

(4) 利息費用

割引計算により算定された期首時点における退職給付債務について，期末までの時の経過により発生する計算上の利息をいう。

(5)　過去勤務費用

退職給付水準の改訂などに起因して発生した退職給付債務の増加または減少部分をいう。このうち費用処理されていないものを未認識過去勤務費用という。

(6)　数理計算上の差異

年金資産の期待運用収益と実際の運用成果との差異，退職給付債務の数理計算に用いた見積数値と実績との差異および見積数値の変更などにより発生した差異をいう。このうち費用処理されていないものを未認識数理計算上の差異という。

2　表示方法

(1)　個別財務諸表

退職給付債務に未認識数理計算上の差異および未認識過去勤務費用を加減した額から，年金資産の額を控除した額を負債として計上する。ただし，年金資産の額が退職給付債務に未認識数理計算上の差異および未認識過去勤務費用を加減した額を超える場合には，資産として計上する。

個別貸借対照表に負債として計上される額については「退職給付引当金」の科目をもって固定負債に計上し，資産として計上される額については「前払年金費用」等の適当な科目をもって固定資産に計上する。

(2)　連結財務諸表

退職給付債務から年金資産の額を控除した額について，負債となる場合は「退職給付に係る負債」等の適当な科目をもって固定負債に計上し，資産となる場合は「退職給付に係る資産」等の適当な科目をもって固定資産に計上する。

未認識数理計算上の差異および未認識過去勤務費用については，税効果を調整の上，純資産の部におけるその他の包括利益累計額に「退職給付に係る調整累計額」等の適当な科目をもって計上する。

第16章 税務会計

第1節 税務会計と法人税

1 税務会計の意義および本章の目的

　税務会計とは簡単にいえば税の金額計算の際に行われる会計のことである。つまり事業や経済活動に関わるものを課税標準とする多数の税金において行われる会計全般を指すものである。現在のわが国において，税務会計を行うこととなる税は多数存在する。

　税は国税と地方税に分類される。本章では税務会計への足掛かりとして国税，その中でも日本の税収額において三大税収となっている税について記述する。まず，法人税を取り上げ，税務の特徴を示すことにより税務会計と企業会計の相違を示す。それによって税務会計を概説することを本章の目的とする。加えて，日本において法人税と並んで国家財政における三大税収である所得税と消費税について記述する。

　なお，わが国の法人税，所得税，消費税は納税義務者自身が計算を行い，所得等を申告して納税する申告納税方式を採用している。したがって，法人税，所得税，消費税の納税義務者にとって税務会計は必須の手続きである。

2 課税標準

　課税標準とは「課税物件を具体的に数量や金額で示したものをいい，これに税率を適用すると，納めるべき税額が決まる。」（税務大学校講本『税法入門』）というものである。法人税における課税標準は当該事業年度の所得である。税務会計における所得とは，企業会計における利益とほぼ同様の概念である。企業会計の利益の計算と法人税における所得の計算は以下のようになる。なお，法人税における益金とは企業会計における収益とほぼ同様の概念，法人税におけ

る損金は企業会計における費用・損失とほぼ同様の概念である。利益と所得の違いについては後述する。

・企業会計における利益

　　利益＝収益－原価・費用・損失

・法人税における所得

　　所得＝益金－損金

3　企業会計の利益と税務会計の所得の相違

　企業会計は本書の第3章に記載したように，会社法や金融商品取引法等のルールにもとづき行われる。会社法や金融商品取引法は「会社」「企業」に対して適用される法律である。それに対して法人税は「法人」等が対象である。法人税法上の法人には非営利を目的とした法人もあれば，所得はあるが人格のない社団（たとえばPTAや同窓会等）までを含んで課税対象とする税法である。ここに企業会計と法人税における税務会計は法律の対象が同一ではないという違いがある。

　また，同じく本書の第3章に記載したように，会社法の目的は債権者保護，金融商品取引法の目的は投資者の保護といわれている。そのため，その法規にもとづいて作成される財務諸表はその目的に則した形となっている。それに対して法人税法は適切な課税を行うことが目的である。したがって，法律の目的が異なるという違いがある。

　さらに企業会計においては債権者や投資家の保護を目的としているため，利益を過大に計算させないことが大きな目的のルールとなっている。法人税法では課税のための法律であることから，所得を過少に計算させないことが大きな目的となっている。これらの計算上のルールの違いから，概念上はほぼ同様であるものであるが，企業会計上の利益と法人税法上の所得は異なるものとなる。

　法人税は納税義務者が法人であり，課税標準が法人の所得である。また，申

告納税方式であるため，法人自身が課税所得を計算し，申告して納税する。

4　確定決算主義と税務調整（申告調整）

　日本の法人税において税額の計算は，企業会計上の決算の際に行われた企業会計の利益計算をもととして行われる。このような方式を確定決算主義という。当然ながら，法人税法に定められたルールに従い，決算上の利益に対して益金および損金として認められるものを算入，認められないものを不算入として加算・減算を行い調整する。この法人税における課税所得計算のための調整のことを一般に税務調整や申告調整という。

　法人税は確定決算方式であるため，会計期間は企業会計上の決算と同じ期間の一年間である。

5　法人税の税務会計におけるその他の特徴

　先に述べた通り，法人税における所得計算では確定決算主義により企業会計をもととした益金算入・不算入，損金算入・不算入による加減算を行う。その際，企業会計の決算で同じ処理をしたことを条件として損金算入が認められる場合がある。そのような決算と同様の処理を条件として損金算入が認められる法人税計算上の会計処理のことを損金経理という。

　法人税には2019年3月現在，中小企業に軽減税率が定められている。また，公益法人等の公益を目的とする法人では非課税となる利益がある。

第2節　所得税と税務会計

1　所得税

　所得税は，個人の所得を課税標準として課税される税金である。所得税の納税義務者は原則的に個人であるが，預金の利子等を法人が受け取る場合もあり，その場合は法人も所得税の納税義務者となる。また，利子，配当，給与などを支払う法人や個人は，源泉徴収として支払いの際に所得税を支払う義務を負う。

なお，所得税の課税所得を計算する期間は，その年の 1 月 1 日から 12 月 31 日の 1 年間である。また，平成 25 年から平成 49 年までの各年分の所得については，東日本大震災からの復興を目的とした復興特別所得税が併せて課される。所得税および復興特別所得税は，毎年 1 月 1 日から 12 月 31 日までの 1 年間に生じたすべての所得の金額とそれに対する所得税および復興特別所得税の額を計算し，申告期限までに確定申告書を提出して，源泉徴収された税金や予定納税で納めた税金などとの過不足を精算する。ただし，給与所得者の大部分は源泉徴収，年末調整により納税および精算しているため，確定申告の義務はない。

2 所得の種類

所得税法では，所得を以下の 10 種類に区分している。

① 利子所得

預貯金や公社債の利子ならびに合同運用信託，公社債投資信託および公募公社債等運用投資信託の収益の分配に係る所得をいう。

② 配当所得

株主や出資者が法人から受ける配当や，投資信託（公社債投資信託および公募公社債等運用投資信託以外のもの）および特定受益証券発行信託の収益などに係る所得をいう。

③ 不動産所得

土地や建物などの不動産，借地権などの不動産，借地権などの不動産の上に存する権利，船舶や航空機の貸付け等による所得で，事業所得または譲渡所得に該当するもの以外の所得をいう。

④ 事業所得

農業，漁業，製造業，卸売業，小売業，サービス業その他の事業から生ずる所得で，不動産所得および山林所得に該当しない所得をいう。

⑤ 給与所得

勤務先から受ける給料，賞与などの所得をいう。

⑥ 退職所得

退職により勤務先から受ける退職手当や厚生年金基金等の加入員の退職に起因して支払われる厚生年金保険法にもとづく一時金などの所得をいう。

⑦ 山林所得

山林を伐採して譲渡したり，立木のままで譲渡することによって生ずる所得のうち，山林を取得してから5年以内であるなどして事業所得や雑所得に該当するものを除いた所得をいう。

⑧ 譲渡所得

資産を譲渡することによって生じる所得で事業所得，不動産所得，山林所得等の他の所得に該当しない所得をいう。

⑨ 一時所得

ここまでに示した8つの所得に該当せず，営利を目的とした継続的行為から生じた所得でもなく，労務その他の役務の対価としての性質や資産の譲渡による対価としての性質を有しない一時の所得をいう。

⑩ 雑所得

これまでに挙げた9つの所得のいずれにも該当しない所得をいう。

3 所得控除

所得税法では所得控除の制度を設けている。これは，所得税額を計算するときに各納税者の個人的事情を加味しようとするためである。それぞれの所得控除の要件に当てはまる場合には，各種所得の金額の合計額から各種所得控除の額の合計額を差し引き，所得税額は，その残りの金額を基礎として計算される。

所得控除の種類は，雑損控除，医療費控除，社会保険料控除，小規模企業共済等掛金控除，生命保険料控除，地震保険料控除，寄附金控除，障害者控除，寡婦（寡夫）控除，勤労学生控除，配偶者控除，配偶者特別控除，扶養控除，基礎控除となっている。

第 3 節 消費税

1 消費税の概要

消費税は，商品・製品の販売やサービスの提供などの取引に対して課税される税で，消費者が負担し事業者が納付する。ここまで概説した法人税および所得税が税の負担者（担税者）と納税義務者が同一である直接税であるのに対し，消費税は担税者と納税義務者が異なる間接税である。消費税は，生産，流通などの各取引段階で二重三重に課税されることのないよう，税が累積しない仕組みが採られている。また，中小企業者の特例として，基準期間の課税売上高が1,000 万円以下等の条件に当てはまる事業者は免税事業者となり，消費税の納税義務が免除される。

2 消費税が課税される取引

国内において事業者が事業として対価を得て行う資産の譲渡，資産の貸付けおよび役務の提供に課税される。したがって，商品の販売や運送，広告など，対価を得て行う取引のほとんどは課税の対象となる。また，外国から商品を輸入する場合も輸入のときに課税される。

3 非課税取引

消費税の性質，政策上の配慮等の理由により，2019 年 4 月現在，下記の取引は非課税取引とされており，消費税が課税されない。
・土地の譲渡，貸付け（一時的なものを除く）など
・有価証券，支払手段の譲渡など
・利子，保証料，保険料など
・特定の場所で行う郵便切手，印紙などの譲渡
・商品券，プリペイドカードなどの譲渡
・住民票，戸籍抄本等の行政手数料など

- 外国為替など
- 社会保険医療など
- 介護保険サービス・社会福祉事業など
- お産費用など
- 埋葬料・火葬料
- 一定の身体障害者用物品の譲渡・貸付けなど
- 一定の学校の授業料，入学金，入学検定料，施設設備費など
- 教科用図書の譲渡
- 住宅の貸付け（一時的なものを除く）

参 考 文 献

[1] American Accounting Association (1966) : A Statement of Basic Accounting Theory, Evanston ; 飯野利夫 (1969) : アメリカ会計学会・基礎的会計理論, 国元書房.

[2] American Accounting Association (1955 & 1958) : Tentative Statement of Cost Conceots Underlying Reports for Management Purposes (1955 Committee) ; Report of the 1958 Committee on Management Accounting, AAA ; 青木茂男監修, 櫻井通晴 (1981) : A・A・A・原価・管理会計基準 (増補版), 中央経済社.

[3] American Insitute of Certified Public Accoutants (1970) : Accounting Principle Board, Statement of Accounting Principles Board No. 4 , Basic Concepts and Accounting Principles Underlying Financial Statements, Objectives of Financial Statement, AICPA ; 川口順一 (1973) : アメリカ公認会計士協会 企業会計原則, 同文舘.

[4] American Insitute of Certified Public Accountants (1973) : Report of the Study Group on the Objectives of Financial Statements, Objectives of Financial Statemets Vol. 1 , AICPA ; 川口順一訳 (1976) : アメリカ公認会計士協会 財務諸表の目的, 同文舘.

[5] American Institute of Accountants (1949) : *Disclosure of Long-Term Leases in Financial Statements of Lessees*, Accounting Research Bulletin No.38, October ; 嶺 輝子 (1986) : アメリカリース会計論, 多賀出版.

[6] FASB (1976) : Statement of Financial Accounting Standards No.13, Accounting for Leases, FASB, November ; 日本公認会計士協会国際委員会訳 (1985) : 米国FASB財務会計基準書リース会計・セグメント会計他, 同文舘.

[7] J.F. Wojdak (1969) : A Theoretical Foundation For Leases and Other Executory Contracts, *The Accounting Review*, July.

[8] J.H. Myers (1962) : Reporting of Lease in Financial Statements, An Accounting Reserch Study No. 4 , AICPA ; 松尾憲橘監訳・古藤三郎訳 (1973) : アメリカ公認会計士協会リース会計, 同文舘.

[9] R.N. Anthony (1994) : Future Directions For Financial Accounting, Irwin ; 佐藤倫正訳 (1991) : アンソニー財務会計論, 白桃書房.

[10] R.N. Anthony (1995) : Planning and Control System : A Framework

232

　　　for Analysis, Havard Univ. ; 高橋吉之助 (1968)：経営管理システムの基礎, ダイヤモンド社.

[11]　R.N. Anthony and G.A. Welsh (1997)：Fundamentals of Management Accounting, Rev. ed., Irwin.

[12]　会田義雄 (1981)：現代財務諸表論, 中央経済社.

[13]　青木茂男 (1980)：管理会計研究, 中央経済社.

[14]　青木茂男 (1983)：会計学総論 (改訂版), 中央経済社.

[15]　青柳文司 (1990)：現代会計学, 同文舘.

[16]　青柳文司, 定方鷲男 (1975)：会計学総説 (改訂版), 同文舘.

[17]　浅羽二郎 (1989)：財務会計論, 森山書店.

[18]　新井清光 (1989)：現代会計学, 中央経済社.

[19]　新井清光 (1991)：会計公準論 (増補版), 中央経済社.

[20]　新井清光・加古宜士編著 (1994)：リース取引会計基準詳解, 中央経済社.

[21]　新井清光・加古宜士 (2003)：現代会計学 (第7版), 中央経済社.

[22]　新井益太郎 (1992)：会計学総論 (改訂版), 森山書店.

[23]　飯野利夫 (1989)：財務会計論 (改訂版), 同文舘.

[24]　井尻雄士 (1968)：会計測定の基礎, 東洋経済新報社.

[25]　井尻雄士 (1971)：計数管理の基礎, 岩波書店.

[26]　稲垣冨士男 (1977)：損益計算論, 中央経済社.

[27]　井上良二 (1992)：財務会計の基礎理論 (改訂二版), 中央経済社.

[28]　居林次雄 (1993)：商法会計入門, 高文堂出版社.

[29]　今福愛志 (1992)：会計政策の現在, 同文舘.

[30]　岩田　巌 (1956)：利潤計算原理, 同文舘.

[31]　宇南山英夫 (1981)：現代財務諸表論, 評論社.

[32]　太田哲三, 新井益太郎 (1988)：新会計学通論, 中央経済社.

[33]　岡本　清 (1980)：原価計算論 (第3版), 国元書房.

[34]　小川　洌 (1989)：原価計算精説, 同文舘.

[35]　小川　洌 (1989)：経営分析の理論と実務, 税務研究会出版局.

[36]　加古宜士 (2003)：財務会計概論, 中央経済社.

[37]　加藤盛弘 (1991)：現代の会計原則 〔改訂増補版〕, 森山書店.

[38]　加登豊・李建 (2001)：ケースブックコストマネジメント, 新世社.

[39]　川口順一 (1984)：財務会計の論理と構造, 国元書房.

[40]　岸田雅雄 (2001)：平成13年改正商法株式制度改革と金庫株, 中央経済社.

[41]　久保田音二郎編 (1991)：管理会計 (新版), 有斐閣.

[42]　黒澤　清（1960）：近代会計学，春秋社.

[43]　黒澤　清（1978）：財務諸表論，中央経済社.

[44]　黒澤　清（1991）：解説・企業会計原則，中央経済社.

[45]　小島男佐夫（1987）：会計史入門，森山書店.

[46]　斎藤静樹（1975）：会計測定の理論，森山書店.

[47]　斎藤静樹（1989）：企業会計－利益の測定と開示－，東京大学出版会.

[48]　坂本眞一郎，岩田　智編著（1990）：基本簿記テキスト，同文舘.

[49]　阪本安一（1975）：会計概論，国元書房.

[50]　阪本安一（1991）：情報会計の基礎，中央経済社.

[51]　桜井久勝（2003）：財務会計講義（第5版），中央経済社.

[52]　櫻井通晴（2001）：ソフトウェア管理会計，白桃書房.

[53]　嶌村剛雄（1984）：財務会計原理，中央経済社.

[54]　染谷恭次郎（1987）：現代財務会計（増補改訂版），中央経済社.

[55]　染谷恭次郎（1989）：会計学（改訂版），中央経済社.

[56]　醍醐　聰（1981）：公企業会計の研究，国元書房.

[57]　高田正淳（1991）：最新・監査論，中央経済社.

[58]　武田隆二（1989）：情報会計論，中央経済社.

[59]　武田隆二（1992）：最新財務諸表論（第四版），中央経済社.

[60]　田中建二（1991）：オフバランス取引の会計，同文舘.

[61]　田中茂次（1983）：財務諸表論，税務経理協会.

[62]　田中　弘（2002）：原点復帰の会計学（第2版），税務経理協会.

[63]　中央経済社編（2003）：会計法規集第（20版），中央経済社.

[64]　中央大学企業研究所編（1982）：会計の社会的役割（第2版），中央大学出版部.

[65]　茅根　聰（1984）：リース会計情報の代替的開示方法に関するインパクトについ
　　　て－ＦＡＳＢNo.13の評価を中心として，『早稲田大学・商経論集』，第47号.

[66]　富岡幸雄（1978）：税務会計学，森山書店.

[67]　中島省吾（1980）：リース会計と実質優先思考－国際会計基準公開草案に関連せ
　　　しめて，『企業会計』，第32巻12号.

[68]　中島省吾編著（1987）：会計基準論，中央経済社.

[69]　長松秀志（1994）：現代管理会計，税務経理協会.

[70]　中村　忠（1987）：新訂・現代会計学，白桃書房.

[71]　西澤　脩（1980）：管理会計論，中央経済社.

[72]　西澤　脩（1992）：管理会計を語る，白桃書房.

[73]　日本生産性本部会計情報システム研究会編（1979）：会計情報システム　統合化へ

234

の理論とアプローチ，日本生産性本部.

[74] 沼田嘉穂（1989）：簿記教科書（四訂新版），同文舘.

[75] 沼田嘉穂（1988）：会計教科書（四訂新版），同文舘.

[76] 橋本義一・根本光明編著（1996）：図解 会計情報システム，中央経済社.

[77] 花堂靖仁（1978）：リース会計の視角，『企業会計』，第30巻3号.

[78] 原田富士雄（1978）：情報会計論，同文舘.

[79] 深津比佐夫（1992）：近代財務会計論，税務経理協会.

[80] 船本修三（1990）：会計情報論，税務経理協会.

[81] 古藤三郎（1976）：リースの歴史－リース会計との関連において，『経済と経営』，第7巻第2号.

[82] 松尾憲橘・前林和寿共編（1992）：入門経営分析（改訂版），森山書店.

[83] 松田安正（1990）：リースの理論と実務，商事法務研究会.

[84] 溝口一雄（1983）：管理会計，日本経済新聞社.

[85] 宮澤 清（1989）：財務会計基礎理論，白桃書房.

[86] 宮澤 清（1991）：財務会計概念序説，白桃書房.

[87] 森川八洲男（1988）：制度会計の理論，国元書房.

[88] 森田哲弥（1983）：価格変動会計論，国元書房.

[89] 諸井勝之介（1965）：原価計算講義，東京大学出版会.

[90] 諸井勝之介（1979）：経営財務講義，東京大学出版会.

[91] 山浦久司（2003）：会計監査論（第3版），中央経済社.

[92] 山形休司（1981）：現代会計の基礎，中央経済社.

[93] 山本 繁（1990）：会計原則発達史，森山書店.

[94] 山本真樹夫（1992）：会計情報の意味と構造，同文舘.

[95] 横浜市立大学会計学研究室編（1979）：管理会計論，同文舘.

[96] 吉田 寛（1974）：会計理論の基礎，森山書店.

[97] 若杉 明（1974）：企業会計の論理（改訂・増補版），国元書房.

[98] 若杉 明（1990）：リース会計の理論的検討，『企業会計』，第42巻1号.

[99] 若杉 明編著（1992）：会計制度の国際比較，中央経済社.

[100] 若杉敬明（1988）：企業財務，東京大学出版会.

[101] 脇田良一（1984）：会計監査，同文舘.

[102] 脇田良一（1990）：簿記の基礎，国元書房.

[103] 涌田宏昭（1976）：会計情報システム入門，日本経済新聞社.

《付　録》

企業会計原則

［ 大蔵省企業会計審議会 ］
　昭和57年 4 月20日

第一　一般原則

真実性の原則	一　企業会計は，企業の財政状態及び経営成績に関して，真実な報告を提供するものでなければならない。
正規の簿記の原則	二　企業会計は，すべての取引につき，正規の簿記の原則に従って，正確な会計帳簿を作成しなければならない。（注 1 ）
資本取引・損益取引区分の原則	三　資本取引と損益取引とを明瞭に区別し，特に資本剰余金と利益剰余金とを混同してはならない。（注 2 ）
明瞭性の原則	四　企業会計は，財務諸表によって，利害関係者に対し必要な会計事実を明瞭に表示し，企業の状況に関する判断を誤らせないようにしなければならない。（注 1 ）（注 1 － 2 ）（注 1 － 3 ）（注 1 － 4 ）
継続性の原則	五　企業会計は，その処理の原則及び手続を毎期継続して適用し，みだりにこれを変更してはならない。（注 1 － 2 ）（注 3 ）
保守主義（安全性）の原則	六　企業の財政に不利な影響を及ぼす可能性がある場合には，これに備えて適当に健全な会計処理をしなければならない。（注 4 ）
単一性の原則	七　株主総会提出のため，信用目的のため，租税目的のため等種々の目的のために異なる形式の財務諸表を作成する必要がある場合，それらの内容は，信頼しうる会計記録に基づいて作成されたものであって，政策の考慮のために事実の真実な表示をゆがめてはならない。

第二　損益計算書原則

（損益計算書の本質）

損益計算書の本質	一　損益計算書は，企業の経営成績を明らかにするため，一会計期間に属するすべての収益とこれに対応するすべての費用とを記載して経常利益を表示し，これに特別損益に属する項目を加減して当期純利益を表示しなければならない。
発生主義の原則	A　すべての費用及び収益は，その支出及び収益に基づいて計上

し，その発生した期間に正しく割当てられるように処理しなければならない。ただし，未実現収益は，原則として，当期の損益計算に計上してはならない。

　前払費用及び前受収益は，これを当期の損益計算から除去し，未払費用及び未収収益は，当期の損益計算に計上しなければならない。（注5）

総額主義の原則　　B　費用及び収益は，総額によって記載することを原則とし，費用の項目と収益の項目とを直接に相殺することによってその全部又は一部を損益計算書から除外してはならない。

費用収益対応の
原則　　　　　　C　費用及び収益は，その発生源泉に従って明瞭に分類し，各収益項目とそれに関連する費用項目とを損益計算書に対応表示しなければならない。

（損益計算書の区分）

損益計算書の区
分　　　　　　　二　損益計算書には，営業損益計算，経常損益計算及び純損益計算の区分を設けなければならない。

営業損益計算　　A　営業損益計算の区分は，当該企業の経営活動から生ずる費用及び収益を記載して，営業利益を計算する。

　2つ以上の営業を目的とする企業にあっては，その費用及び収益を主要な営業別に区分して記載する。

経常損益計算　　B　経常損益計算の区分は，営業損益計算の結果を受けて，利息及び割引料，有価証券売却損益その他営業活動以外の原因から生ずる損益であって特別損益に属しないものを記載し，経常利益を計算する。

純損益計算　　　C　純損益計算の区分は，経常損益計算の結果を受けて，前期損益修正額，固定資産売却損益等の特別損益を記載し，当期純利益を計算する。

未処分損益計算　D　純損益計算の結果を受けて，前期繰越利益を記載し，当期未処分利益を計算する。

（営業利益）

営業損益の計算
の内容　　　　　三　営業損益計算は，一会計期間に属する売上高と売上原価とを記載して売上総利益を計算し，これから販売費及び一般管理費を控除して，営業利益を表示する。

役務業の兼業	A　企業が商品等の販売と役務の給付とをともに主たる営業とする場合には，商品等の売上高と役務による営業収益とは，これを区別して記載する。
売上高の計上基準	B　売上高は，実現主義の原則に従い，商品等の販売又は役務の給付によって実現したものに限る。ただし，長期の未完成請負工事等については，合理的に収益を見積もり，これを当期の損益計算に計上することができる。（注6）（注7）
売上原価の表示方法	C　売上原価は，売上高に対応する商品等の仕入原価又は製造原価であって，商業の場合には，期首商品たな卸高に当期商品仕入高を加え，これから期末製品たな卸高を控除する形式で表示し，製造工業の場合には，期首製品たな卸高に当期製品製造原価を加え，これから期末製品たな卸高を控除する形式で表示する。（注8）（注10）
売上総利益の表示	D　売上総利益は，売上高から売上原価を控除して表示する。 　役務の給付を営業とする場合には，営業収益から役務の費用を控除して総利益を表示する。
内部利益の除去	E　同一企業の各経営部門の間における商品等の移転によって発生した内部利益は，売上高及び売上原価を算定するに当たって除去しなければならない。（注11）
販売費・一般管理費の計上と営業利益の計算	F　営業利益は，売上総利益から販売費及び一般管理費を控除して表示する。販売費及び一般管理費は，適当な科目に分類して営業損益計算の区分に記載し，これを売上原価及び期末たな卸高に算入してはならない。ただし，長期の請負工事については，販売費及び一般管理費を適当な比率で請負工事に配分し，売上原価及び期末たな卸高に算入することができる。
	（営業外損益）
営業外収益と営業外費用	四　営業外損益は，受取利息及び割引料，有価証券売却益等の営業外収益と支払利息及び割引料，有価証券売却損，有価証券評価損益等の営業外費用とに区分して表示する。
	（経常利益）
経常利益の計算	五　経常利益は，営業利益に営業外収益を加え，これから営業外費用を控除して表示する。

（特別損益）

特別利益と特別損失

六　特別損益は，前期損益修正益，固定資産売却益等の特別利益と前期損益修正損，固定資産売却損，災害による損失等の特別損失とに区分して表示する。（注12）

（税引前当期純利益）

税引前当期純利益の計算

七　税引前当期純利益は，経常利益に特別利益を加え，これから特別損失を控除して表示する。

（当期純利益）

税引後当期純利益の計算

八　当期純利益は，税引前当期純利益から当期の負担に属する法人税額，住民税額等を控除して表示する。（注13）

（当期未処分利益）

当期未処分利益の計算

九　当期未処分利益は，当期純利益に前期繰越利益，一定の目的のために設定した積立金のその目的に従った取崩額，中間配当額，中間配当に伴う利益準備金の積立額を加減して表示する。

第三　貸借対照表原則

（貸借対照表の本質）

貸借対照表の記載内容

一　貸借対照表は，企業の財政状態を明らかにするため，貸借対照表日におけるすべての資産，負債及び資本を記載し，株主，債権者その他の利害関係者にこれを正しく表示するものでなければならない。ただし，正規の簿記の原則に従って処理された場合に生じた海外資産及び簿外負債は，貸借対照表の記載外におくことができる。（注1）

資産・負債・資本の記載の基準

A　資産，負債及び資本は，適当な区分，配列，分類及び評価の基準に従って記載しなければならない。

総額主義の原則

B　資産，負債及び資本は，総額によって記載することを原則とし，資産の項目と負債又は資本の項目とを相殺することによって，その全部又は一部を貸借対照表から除去してはならない。

注記事項

C　受取手形の割引高又は裏書譲渡高，保証債務等の偶発債務，債務の担保に供している資産，発行済株式1株当たり当期純利益及び同1株当たり純資産額等企業の財務内容を判断するために重要な事項は，貸借対照表に注記しなければならない。

繰延資産の計上	D　将来の期間に影響する特定の費用は，次期以後の期間に配分して処理するため，経過的に貸借対照表の資産の部に記載することができる。(注15)
資産と負債・資本の平均	E　貸借対照表の資産の合計額は，負債と資本の合計金額に一致しなければならない。

（貸借対照表の区分）

貸借対照表の区分	二　貸借対照表は，資産の部，負債の部および資本の部の三区分に分ち，さらに資産の部を流動資産，固定資産及び繰延資産に，負債の部を流動資産及び固定負債に区分しなければならない。

（貸借対照表の配列）

項目の配列の方法	三　資産及び負債の項目の配列は，原則として，流動性配列法によるものとする。

（貸借対照表科目の分類）

科目の分類原則	四　資産，負債及び資本の各科目は，一定の基準に従って明瞭に分類しなければならない。

　　　　　　　　　　(一)　資　　　産

資産の分類及び科目名称	資産は，流動資産に属する資産，固定資産に属する資産及び繰延資産に属する資産に区別しなければならない。仮払金，未決算等の勘定を貸借対照表に記載するには，その性質を示す適当な科目で表示しなければならない。(注16)
流動資産の内容と表示	A　現金預金，市場性ある有価証券で一時的所有のもの，取引先との通常の商取引によって生じた受取手形，売掛金等の債権，商品，製品，半製品，原材料，仕掛品等のたな卸資産及び期限が一年以内に到来する債権は，流動資産に属するものとする。 　前払費用で一年以内に費用となるものは，流動資産に属するものとする。 　受取手形，売掛金その他流動資産に属する債権は，取引先との通常の商取引上の債権とその他の債権とに区別して表示しなければならない。
固定資産の分類及び内容	B　固定資産は，有形固定資産，無形固定資産及び投資その他の資産に区分しなければならない。 　建物，構築物，機械装置，船舶，車両運搬具，工具器具備品，

土地，建設仮勘定等は，有形固定資産に属するものとする。

営業権，特許権，地上権，商標権等は，無形固定資産に属するものとする。

子会社株式その他流動資産に属しない有価証券，出資金，長期貸付金並びに有形固定資産，無形固定資産及び繰延資産に属するもの以外の長期資産は，投資その他の資産に属するものとする。

減価償却累計額の表示

有形固定資産に対する減価償却累計額は，原則として，その資産が属する科目ごとに取得原価から控除する形式で記載する。（注17）

無形固定資産の表示

無形固定資産については，減価償却額を控除した未償却残高を記載する。

繰延資産の内容と表示

C　創立費，開業費，新株発行費，社債発行費，社債発行差金，開発費，試験研究費及び建設利息は，繰延資産に属するものとする。これらの資産については，償却額を控除した未償却残高を記載する。（注15）

貸倒引当金の表示

D　受取手形，売掛金その他の債権に対する貸倒引当金は，原則として，その債権が属する科目ごとに債権金額又は取得価額から控除する形式で記載する。（注17）（注18）

役員・親会社・子会社に対する債権

債権のうち，役員等企業の内部の者に対するものと親会社又は子会社に対するものは，特別の科目を設けて区分して表示し，又は注記の方法によりその内容を明瞭に示さなければならない。

（二）負　　債

負債の分類及び科目名称

負債は，流動負債に属する負債と固定負債に属する負債とに区別しなければならない。仮受金，未決算等の勘定を貸借対照表に記載するには，その性質を示す適当な科目で表示しなければならない。（注16）

流動負債の内容

A　取引先との通常の商取引によって生じた支払手形，買掛金等の債権及び期限が一年以内に到来する債務は，流動負債に属するものとする。

支払手形，買掛金その他流動負債に属する債務は，取引先との通常の商取引上の債務とその他の債務とに区別して表示しな

ければならない。

　　引当金のうち，賞与引当金，工事補償引当金，修繕引当金のように，通常一年以内に使用される見込みのものは流動負債に属するものとする。（注18）

固定負債の内容　　B　社債，長期借入金等の長期債務は，固定負債に属するものとする。

　　引当金のうち，退職給与引当金のように，通常一年をこえて使用される見込のものは，固定負債に属するものとする。（注18）

役員・親会社・
子会社に対する
債務
　　C　債務のうち，役員等企業の内部の者に対するものと親会社又は子会社に対するものは，特別の科目を設けて区別して表示し，又は注記の方法によりその内容を明瞭に示さなければならない。

　㈢　資　　　本

資本金と資本剰
余金の区別
　　資本は，資本金に属するものと剰余金に属するものとに区別しなければならない。（注19）

資本金の記載
　　A　資本金の区分には，法定資本の額を記載する。発行済株式の数は普通株，優先株等の種類別に注記するものとする。

剰余金の分類と
その内容
　　B　剰余金は，資本準備金，利益準備金及びその他の剰余金に区分して記載しなければならない。

　　株式払込剰余金，減資差益及び合併差益は，資本準備金として表示する。

新株式払込金等
の表示
　　C　新株式払込金又は申込期日経過後における新株式申込証拠金は，資本金の区分の次に特別の区分を設けて表示しなければならない。

資本準備金等に
準ずるものの表
示
　　D　法律で定める準備金で資本準備金又は利益準備金に準ずるものは，資本準備金又は利益準備金の次に特別の区分を設けて表示しなければならない。

（資産の貸借対照表価額）

資産の評価原則
　　五　貸借対照表に記載する資産の価額は，原則として，当該資産の取得原価を基礎として計上しなければならない。

費用配分の原則
　　資産の取得原価は，資産の種類に応じた費用配分の原則によって，各事業年度に配分しなければならない。有形固定資産は，当

該資産の耐用期間にわたり，定額法，定率法等の一定の減価償却の方法によって，その取得原価を各事業年度に配分し，無形固定資産は，当該資産の有効期間にわたり，一定の減価償却の方法によって，その取得原価を各事業年度に配分しなければならない。繰越資産についても，これに準じて，各事業年度に均等額以上を配分しなければならない。(注20)

たな卸資産の評価	A 商品，製品，半製品，原材料，仕掛品等のたな卸資産については，原則として購入代価又は製造原価に引取費用等の付随費用を加算し，これに個別法，先入先出法，後入先出法，平均原価法等の方法を適用して算定した取得原価をもって貸借対照表価額とする。ただし，時価が取得原価より著しく下落したときは，回復する見込があると認められる場合を除き，時価をもって貸借対照表価額としなければならない。(注9)(注10)(注21)
低価基準の適用	たな卸資産の貸借対照表価額は，時価が取得原価よりも下落した場合には時価による方法を適用して算定することができる。(注10)
有価証券の評価	B 有価証券については，原則として購入代価に手数料等の付随費用を加算し，これに平均原価法等の方法を適用して算定した取得原価をもって貸借対照表価額とする。ただし，取引所の相場のある有価証券については，時価が著しく下落したときは，回復する見込があると認められる場合を除き，時価をもって貸借対照表価額としなければならない。取引所の相場のない有価証券のうち株式については，当該会社の財産状態を反映する株式の実質価額が著しく低下したときは，相当の減額をしなければならない。(注22)
低価基準の適用	取引所の相場のある有価証券で子会社の株式以外のものの貸借対照表価額は，時価が取得原価よりも下落した場合には時価による方法を適用して算定することができる。
債権の評価	C 受取手形，売掛金その他の債権の貸借対照表価額は，債権金額又は取得価額から正常な貸倒見積高を控除した金額とする。(注23)

有形固定資産の評価	D　有形固定資産については，その取得原価から減価償却累計額を控除した価額をもって貸借対照表価額とする。有形固定資産の取得価格には，原則として当該資産の引取費用等の付随費用を含める。現物出資として受入れた固定資産については，出資者に対して交付された株式の発行価額をもって取得原価とする。（注24） 　　償却済の有形固定資産は，除去されるまで残存価額又は備忘価額で記載する。
無形固定資産の評価	E　無形固定資産については，当該資産の取得のために支出した金額から減価償却累計額を控除した価額をもって貸借対照表価額とする。（注25）
無償取得資産の評価	F　贈与その他無償で取得した資産については，公正な評価額をもって取得原価とする。（注24）

企業会計原則注解

大蔵省企業会計審議会
昭和 57 年 4 月 20 日

【注1】 重要性の原則の適用について（一般原則二，四及び貸借対照表原則一）

　企業会計は，定められた会計処理の方法に従って正確な計算を行うべきものであるが，企業会計が目的とするところは，企業の財務内容を明らかにし，企業の状況に関する利害関係者の判断を誤らせないようにすることにあるから，重要性の乏しいものについては，本来の厳密な会計処理によらないで他の簡便な方法によることも正規の簿記の原則に従った処理として認められる。

　重要性の原則は，財務諸表の表示に関しても適用される。

　重要性の原則の適用例としては，次のようなものがある。

（1） 消耗品，消耗工具器具備品その他の貯蔵品等のうち，重要性の乏しいものについては，その買入時又は払出時に費用として処理する方法を採用することができる。

（2） 前払費用，未収収益，未払費用及び前受収益のうち，重要性の乏しいものについては，経過勘定項目として処理しないことができる。

（3） 引当金のうち，重要性の乏しいものについては，これを計上しないことができる。

（4） たな卸資産の取得原価に含められる引取費用，関税，買入事務費，移管費，保管費等の付随費用のうち，重要性の乏しいものについては，取得原価に算入しないことができる。

（5） 分割返済の定めのある長期の債権又は債務のうち，期限が一年以内に到来するもので重要性の乏しいものについては，固定資産又は固定負債として表示することができる。

【注1－2】 重要な会計方針の開示について（一般原則四及び五）

　財務諸表には，重要な会計方針を注記しなければならない。

　会計方針とは，企業が損益計算書及び貸借対照表の作成に当たって，その財政状態及び経営成績を正しく示すために採用した会計処理の原則及び手続並びに表示の方法をいう。

　会計方針の例としては，次のようなものがある。

　イ　有価証券の評価基準及び評価方法

　ロ　たな卸資産の評価基準及び評価方法

　ハ　固定資産の減価償却方法

　ニ　繰延資産の処理方法

　ホ　外貨建資産，負債の本邦通貨への換算基準

　ヘ　引当金の計上基準

　ト　費用・収益の計上基準

　代替的な会計基準が認められていない場合には，会計方針の注記を省略することができる。

【注1－3】 重要な後発事象の開示について（一般原則四）

　財務諸表には，損益計算書及び貸借対照表を作成する日までに発生した重要な後発事象を注記しなければならない。

　後発事象とは，貸借対照表日後に発生した事象で，次期以後の財政状態及び経営成績に影響を及ぼすものをいう。

　重要な後発事象を注記事項として開示することは，当該企業の将来の財政状態及び経営成績を理解するための補足情報として有用である。

　重要な後発事象の例としては，次のようなものがある。

　　イ　火災，出水等による重大な損害の発生

　　ロ　多額の増資又は減資及び多額の社債の発行又は繰上償還

　　ハ　会社の合併，重要な営業の譲渡又は譲受

　　ニ　重要な係争事件の発生又は解決

　　ホ　主要な取引先の倒産

【注1－4】　注記事項の記載方法について（一般原則四）

　重要な会計方針に係る注記事項は，損益計算書及び貸借対照表の次にまとめて記載する。

　なお，その他の注記事項についても，重要な会計方針の注記の次に記載することができる。

【注2】　資本取引と損益取引との区別について（一般原則三）

（1）　資本剰余金は，資本取引から生じた剰余金であり，利益剰余金は損益取引から生じた剰余金，すなわち利益の留保額であるから，両者が混同されると，企業の財政状態及び経営成績が適正に示されないことになる。従って，例えば，新株発行による株式払込剰余金から新株発行費用を控除することは許されない。

（2）　商法上資本準備金として認められる資本剰余金は限定されている。従って，資本剰余金のうち，資本準備金及び法律で定める準備金で資本準備金に準ずるもの以外のものを計上する場合には，その他の剰余金の区分に記載されることになる。

【注3】　継続性の原則について（一般原則五）

　企業会計上継続性が問題とされるのは，一つの会計事実について二つ以上の会計処理の原則又は手続の選択適用が認められている場合である。

　このような場合に，企業が選択した会計処理の原則及び手続を毎期継続して適用しないときは，同一の会計事実について異なる利益額が算出されることになり，財務諸表の期間比較を困難ならしめ，この結果，企業の財務内容に関する利害関係者の判断を誤らしめることになる。

　従って，いったん採用した会計処理の原則又は手続は，正当な理由により変更を行う場合を除き，財務諸表を作成する各時期を通じて継続して適用しなければならない。

　なお，正当な理由によって，会計処理の原則又は手続に重要な変更を加えたときは，これを当該財務諸表に注記しなければならない。

【注4】　保守主義の原則について（一般原則六）

　企業会計は，予測される将来の危険に備えて慎重な判断に基づく会計処理を行わなければならな

いが，過度に保守的な会計処理を行うことにより，企業の財政状態及び経営成績の真実な報告をゆがめてはならない。

【注5】　経過勘定項目について（損益計算書原則一のAの二項）

（1）　前払費用

　前払費用は，一定の契約に従い，継続して役務の提供を受ける場合，いまだ提供されていない役務に対し支払われた対価をいう。従って，このような役務に対する対価は，時間の経過とともに次期以降の費用となるものであるから，これを当期の損益計算から除去するとともに貸借対照表の資産の部に計上しなければならない。また，前払費用は，かかる役務提供契約以外の契約等による前払金とは区別しなければならない。

（2）　前受収益

　前受収益は，一定の契約に従い，継続して役務の提供を行う場合，いまだ提供していない役務に対し支払を受けた対価をいう。従って，このような役務に対する対価は，時間の経過とともに次期以降の収益となるものであるから，これを当期の損益計算から除去するとともに貸借対照表の負債の部に計上しなければならない。また，前受収益は，かかる役務提供契約以外の契約等による前受金とは区別しなければならない。

（3）　未払費用

　未払費用は，一定の契約に従い，継続して役務の提供を受ける場合，すでに提供された役務に対していまだその対価の支払が終らないものをいう。従って，このような役務に対する対価は，時間の経過に伴いすでに当期の費用として発生しているものであるから，これを当期の損益計算に計上するとともに貸借対照表の負債の部に計上しなければならない。また，未払費用は，かかる役務提供契約以外の契約等による未払金とは区別しなければならない。

（4）　未収収益

　未収収益は，一定の契約に従い，継続して役務の提供を行う場合，すでに提供した役務に対していまだその対価の支払を受けていないものをいう。従って，このような役務に対する対価は時間の経過に伴いすでに当期の収益として発生しているものであるから，これを当期の損益計算に計上するとともに貸借対照表の資産の部に計上しなければならない。また，未収収益は，かかる役務提供契約以外の契約等による未収金とは区別しなければならない。

【注6】　実現主義の適用について（損益計算書原則三のB）

　委託販売，試用販売，予約販売，割賦販売等特殊な販売契約による売上収益の実現の基準は，次によるものとする。

（1）　委託販売

　委託販売については，受託者が委託品を販売した日をもって売上収益の実現の日とする。従って，決算手続中に仕切精算書（売上計算書）が到達すること等により決算日までに販売された事実が明らかとなったものについては，これを当期の売上収益に計上しなければならない。ただし，仕切精算書が販売のつど送付されている場合には，当該仕切精算書が到達した日をもって売上収益の

実現の日とみなすことができる。

（2）　試用販売

　試用販売については，得意先が買取りの意思を表示することによって売上が実現するのであるから，それまでは，当期の売上高に計上してはならない。

（3）　予約販売

　予約販売については，予約金受取額のうち，決算日までに商品の引渡し又は役務の給付が完了した分だけを当期の売上高に計上し，残額は貸借対照表の負債の部に記載して次期以後に繰延べなければならない。

（4）　割賦販売

　割賦販売については，商品等を引渡した日をもって売上収益の実現の日とする。

　しかし，割賦販売は通常の販売と異なり，その代金回収の期間が長期にわたり，かつ，分割払であることから代金回収上の危険が高いので，貸倒引当金及び代金回収費，アフター・サービス費等の引当金の計上について特別の配慮を要するが，その算定に当たっては，不確実性と煩雑さとを伴う場合が多い。従って，収益の認識を慎重に行うため，販売基準に代えて，割賦金の回収期限の到来の日又は入金の日をもって売上収益実現の日とすることも認められる。

【注7】　工事収益について（損益計算書原則三のBただし書）

　長期の請負工事に関する収益の計上については，工事進行基準又は工事完成基準のいずれかを選択適用することができる。

（1）　工事進行基準

　決算期末に工事進行程度を見積り，適正な工事収益率によって工事収益の一部を当期の損益計算に計上する。

（2）　工事完成基準

　工事が完成し，その引渡しが完了した日に工事収益を計上する。

【注8】　製品等の製造原価について（損益計算書原則三のC）

　製品等の製造原価は，適正な原価計算基準に従って算定しなければならない。

【注9】　原価差額の処理について（損益計算書原則三のC及び貸借対照表原則五のAの一項）

　原価差額を売上原価に賦課した場合には，損益計算書に売上原価の内訳科目として次の形式で原価差額を記載する。

　　　　　売上原価
　　　　　　1　期首製品たな卸高　　　×××
　　　　　　2　当期製品製造原価　　　×××
　　　　　　　　合　　計　　　　　　×××
　　　　　　3　期末製品たな卸高　　　×××
　　　　　　　　標準（予定）売上原価　×××
　　　　　　4　原価差額　　　　　　　×××　　　　×××

　原価差額をたな卸資産の科目別に配賦した場合には，これを貸借対照表上のたな卸資産の科目別に各資産の価額に含めて記載する。

【注10】　たな卸資産の評価損について（損益計算書原則三のC及び貸借対照表原則五のA）

（1）　商品，製品，原材料等のたな卸資産に低価基準を適用する場合に生ずる評価損は，原則として，売上原価の内訳科目又は営業外費用として表示しなければならない。

（2）　時価が取得原価より著しく下落した場合（貸借対照表原則五のA第一項ただし書の場合）の評価損は，原則として，営業外費用又は特別損失として表示しなければならない。

（3）　品質低下，陳腐化等の原因によって生ずる評価損については，それが原価性を有しないものと認められる場合には，これを営業外費用又は特別損失として表示し，これらの評価損が原価性を有するものと認められる場合には，製造原価，売上原価の内訳科目又は販売費として表示しなければならない。

【注11】　内部利益とその除去の方法について（損益計算書原則三のE）

　内部利益とは，原則として，本店，支店，事業部等の企業内部における独立した会計単位相互間の内部取引から生ずる未実現の利益をいう。従って，会計単位内部における原材料，半製品等の振替から生ずる振替損益は内部利益ではない。

　内部利益の除去は，本支店等の合併損益計算書において売上高から内部売上高を控除し，仕入高（又は売上原価）から内部仕入高（又は内部売上原価）を控除するとともに，期末たな卸高から内部利益の額を控除する方法による。これらの控除に際しては，合理的な見積概算額によることも差支えない。

【注12】　特別損益項目について（損益計算書原則六）

　特別損益に属する項目としては，次のようなものがある。

（1）　臨時損益

　　イ　固定資産売却損益

　　ロ　転売以外の目的で取得した有価証券の売却損益

　　ハ　災害による損失

（2）　前期損益修正

　　イ　過年度における引当金の過不足修正額

　　ロ　過年度における減価償却の過不足修正額

　　ハ　過年度におけるたな卸資産評価の訂正額

　　ニ　過年度償却済債権の取立額

　なお，特別損益に属する項目であっても，金額の僅少なもの又は毎期経常的に発生するものは，経常損益計算に含めることができる。

【注13】　法人税等の追徴税額等について（損益計算書原則八）

　法人税等の更正決定等による追徴税額及び還付税額は，税引前当期純利益に加減して表示する。この場合，当期の負担に属する法人税額等とは区別することを原則とするが，重要性の乏しい場合

には，当期の負担に属するものに含めて表示することができる。

【注14】　削　　　除

【注15】　将来の期間に影響する特定の費用について（貸借対照表原則一のD及び四の（一）のC）

「将来の期間に影響する特定の費用」とは，すでに代価の支払が完了し又は支払義務が確定し，これに対応する役務の提供を受けたにもかかわらず，その効果が将来にわたって発現するものと期待される費用をいう。

これらの費用は，その効果が及ぶ数期間に合理的に配分するため，経過的に貸借対照表上繰延資産として計上することができる。

なお，天災等により固定資産又は企業の営業活動に必須の手段たる資産の上に生じた損失が，その期の純利益又は当期未処分利益から当期の処分予定額を控除した金額をもって負担しえない程度に巨額であって特に法令をもって認められた場合には，これを経過的に貸借対照表の資産の部に記載して繰延経理することができる。

【注16】　流動資産又は流動負債と固定資産又は固定負債とを区別する基準について（貸借対照表
　　　　　原則四の（一）及び（二））

受取手形，売掛金，前払金，支払手形，買掛金，前受金等の当該企業の主目的たる営業取引により発生した債権及び債務は，流動資産又は流動負債に属するものとする。ただし，これらの債権のうち，破産債権，更正債権及びこれに準ずる債権で一年以内に回収されないことが明らかなものは，固定資産たる投資その他の資産に属するものとする。

貸付金，借入金，差入保証金，受入保証金，当該企業の主目的以外の取引によって発生した未収金，未払金等の債権及び債務で，貸借対照表日の翌日から起算して一年以内に入金又は支払の期限が到来するものは，流動資産又は流動負債に属するものとし，入金又は支払の期限が一年をこえて到来するものは，投資その他の資産又は固定負債に属するものとする。

現金預金は，原則として，流動資産に属するが，預金については，貸借対照表日の翌日から起算して一年以内に期限が到来するものは，流動資産に属するものとし，期限が一年をこえて到来するものは，投資その他の資産に属するものとする。

所有有価証券のうち，証券市場において流通するもので，短期的資金運用のために一時的に所有するものは，流動資産に属するものとし，証券市場において流通しないもの若しくは他の企業を支配する等の目的で長期的に所有するものは，投資その他の資産に属するものとする。

前払費用については，貸借対照表日の翌日から起算して一年以内に費用となるものは，流動資産に属するものとし，一年をこえる期間を経て費用となるものは，投資その他の資産に属するものとする。未収収益は流動資産に属するものとし，未払費用及び前受収益は，流動負債に属するものとする。

商品，製品，半製品，原材料，仕掛品等のたな卸資産は，流動資産に属するものとし，企業がその営業目的を達成するために所有し，かつ，その加工若しくは売却を予定しない財貨は，固定資産に属するものとする。

　なお，固定資産のうち残存耐用年数が一年以下となったものも流動資産とせず固定資産に含ませ，たな卸資産のうち恒常在庫品として保有するもの若しくは余剰品として長期間にわたって所有するものも固定資産とせず流動資産に含ませるものとする。

【注17】　貸倒引当金又は減価償却累計額の控除形式について（貸借対照表原則四の（一）のBの五項及びDの一項）

　貸倒引当金又は減価償却累計額は，その債権又は有形固定資産が属する科目ごとに控除する形式で表示することを原則とするが，次の方法によることも妨げない。

（1）　二以上の科目について，貸倒引当金又は減価償却累計額を一括して記載する方法

（2）　債権又は有形固定資産について，貸倒引当金又は減価償却累計額を控除した残額のみを記載し，当該貸倒引当金又は減価償却累計額を注記する方法

【注18】　引当金について（貸借対照表原則四の（一）のDの1項，（二）のAの3項及びBの2項）

　将来の特定の費用又は損失であって，その発生が当期以前の事象に起因し，発生の可能性が高く，かつ，その金額を合理的に見積ることができる場合には，当期の負担に属する金額を当期の費用又は損失として引当金に繰入れ，当該引当金の残高を貸借対照表の負債の部又は資産の部に記載するものとする。

　製品保証引当金，売上割戻引当金，返品調整引当金，賞与引当金，工事補償引当金，退職給与引当金，修繕引当金，特別修繕引当金，債務保証損失引当金，損害補償損失引当金，貸倒引当金等がこれに該当する。

　発生の可能性の低い偶発事象に係る費用又は損失については，引当金を計上することはできない。

【注19】　剰余金について（貸借対照表原則四の（三））

　会社の純資産額が法定資本の額をこえる部分を剰余金という。

　剰余金は，次のように資本剰余金と利益剰余金とに分れる。

（1）　資本剰余金

　株式払込剰余金，減資差益，合併差益等

　なお，合併差益のうち消滅した会社の利益剰余金に相当する金額については，資本剰余金としないことができる。

（2）　利益剰余金

　利益を源泉とする剰余金

【注20】　減価償却の方法について（貸借対照表原則五の二項）

　固定資産の減価償却の方法としては，次のようなものがある。

（1）　定額法　固定資産の耐用期間中，毎期均等額の減価償却費を計上する方法

（2）　定率法　固定資産の耐用期間中，毎期期首未償却残高に一定率を乗じた減価償却費を計上する方法

（3）　級数法　固定資産の耐用期間中，毎期一定の額を算術級数的に逓減した減価償却費を計上す

　　る方法

（4）　生産高比例法　固定資産の耐用期間中，毎期当該資産による生産又は用役の提供の度合に比
　　例した減価償却費を計上する方法

　　この方法は，当該固定資産の総利用可能量が物理的に確定でき，かつ，減価が主として固定資産
の利用に比例して発生するもの，例えば，鉱業用設備，航空機，自動車等について適用することが
認められる。

　　なお，同種の物品が多数集まって一つの全体を構成し，老朽品の部分的取替を繰り返すことによ
り全体が維持されるような固定資産については，部分的取替に要する費用を収益的支出として処理
する方法（取替法）を採用することができる。

【注21】　たな卸資産の貸借対照表価額について（貸借対照表原則五のＡの一項）

（1）　たな卸資産の貸借対照表価額の算定のための方法としては，次のようなものが認められる。

　　イ　個別法　たな卸資産の取得原価を異にするに従い区別して記録し，その個々の実際原価に
　　　よって期末たな卸品の価額を算定する方法

　　ロ　先入先出法　最も古く取得されたものから順次払出しが行われ，期末たな卸品は最も新しく
　　　取得されたものからなるものとみなして期末たな卸品の価額を算定する方法

　　ハ　後入先出法　最も新しく取得されたものから払出しが行われ，期末たな卸品は最も古く取得
　　　されたものからなるものとみなして期末たな卸品の価額を算定する方法

　　ニ　平均原価法　取得したたな卸資産の平均原価を算出し，この平均原価によって期末たな卸品
　　　の価額を算定する方法

　　　平均原価は，総平均法又は移動平均法により算出する。

　　ホ　売価還元原価法　異なる品目の資産を値入率の類似性に従って適当なグループにまとめ，一
　　　グループに属する期末商品の売価合計額に原価率を適用して期末たな卸品の価額を算定する方法

　　　この方法は，取扱品種のきわめて多い小売業及び卸売業におけるたな卸資産の評価に適用される。

（2）　製品等の製造原価については，適正な原価計算基準に従って，予定価格又は標準原価を適用
　　して算定した原価によることができる。

【注22】　社債の貸借対照表価額について（貸借対照表原則五のＢの一項）

　　所有する社債については，社債金額より低い価額又は高い価額で買入れた場合には，当該価額を
もって貸借対照表価額とすることができる。この場合においては，その差額に相当する金額を償還
期に至るまで毎期一定の方法で逐次貸借対照表価額に加算し，又は貸借対照表価額から控除するこ
とができる。

【注23】　債権の貸借対照表価額について（貸借対照表原則五のＣ）

　　債権については，債権金額より低い価額で取得したときその他これに類する場合には，当該価額
をもって貸借対照表価額とすることができる。この場合においては，その差額に相当する金額を弁
済期に至るまで毎期一定の方法で逐次貸借対照表価額に加算することができる。

【注24】　国庫補助金等によって取得した資産について（貸借対照表原則五のＤの一項及びＦ）

　国庫補助金，工事負担金等で取得した資産については，国庫補助金等に相当する金額をその取得原価から控除することができる。

　この場合においては，貸借対照表の表示は，次のいずれかの方法によるものとする。

（1）　取得原価から国庫補助金等に相当する金額を控除する形式で記載する方法

（2）　取得原価から国庫補助金等に相当する金額を控除した残額のみを記載し，当該国庫補助金等の金額を注記する方法

【注25】　営業権について（貸借対照表原則五のE）

　営業権は，有償で譲受け又は合併によって取得したものに限り貸借対照表に計上し，毎期均等額以上を償却しなければならない。

索　引

《著者プロフィール》

坂本 眞一郎（さかもと・しんいちろう）担当：第 1 章，第 5 ～ 8 章，第 10 ～ 15 章
東京都世田谷区に生まれる。
東京工業大学大学院総合理工学研究科博士課程単位取得。
昭和大学医学部，城西大学，城西国際大学，宮城大学を経て，
平成 30 年より，公立大学法人宮城大学名誉教授，常葉大学経営学部教授，
経済学博士，医学博士。

大内 健太郎（おおうち・けんたろう）担当：第 2 ～ 4 章，第 9 章，第 16 章
宮城県仙台市に生まれる。
宮城大学大学院事業構想学研究科博士後期課程修了。
平成 24 年より，宮崎産業経営大学経営学部専任講師，
平成 30 年より，宮崎産業経営大学経営学部准教授。博士（事業構想学）。

（検印省略）

2019 年 7 月 25 日　初版発行　　　　　　　　　略称 — 会計研究

［新版］会計学研究

著　者	坂本 眞一郎
	大内 健太郎
発行者	塚 田 尚 寛

発行所　東京都文京区　**株式会社 創 成 社**
　　　　春日 2 - 13 - 1

電　話　03（3868）3867　　ＦＡＸ　03（5802）6802
出版部　03（3868）3857　　ＦＡＸ　03（5802）6801
http://www.books-sosei.com　振　替　00150-9-191261

定価はカバーに表示してあります。

©2019 Shinichiro Sakamoto　　組版：サンライズ　印刷：Ｓ・Ｄプリント
ISBN978-4-7944-1542-4 C3034　　製本：カナメブックス
Printed in Japan　　　　　　　落丁・乱丁本はお取り替えいたします。